Springer-Lehrbuch

Henning Klodt

Volkswirtschaftslehre für Juristen

Eine Einführung

Mit 45 Abbildungen

Springer-Verlag

Berlin Heidelberg New York
London Paris Tokyo
Hong Kong Barcelona
Budapest

Dr. Henning Klodt
Institut für Weltwirtschaft
an der Universität Kiel
Düsternbrooker Weg 120
W-2300 Kiel 1

ISBN 3-540-55733-4 Springer-Verlag Berlin Heidelberg New York Tokyo

2142/7130-543210 - Gedruckt auf säurefreiem Papier

Vorwort

Dieses Buch ist hervorgegangen aus einer Einführungs-
vorlesung, die an der rechtswissenschaftlichen Fakultät
der Christian-Albrechts-Universität zu Kiel gehalten
wird. Es verfolgt das Ziel, die wesentlichen Grundele-
mente der ökonomischen Theorie auf einfache, ohne be-
sondere Vorkenntnisse nachvollziehbare Weise darzustellen. Dem Leser soll verständlich gemacht werden, nach
welchen Prinzipien eine Marktwirtschaft funktioniert und
welche Aufgaben der Staat im Rahmen einer marktwirtschaftlichen Ordnung hat.

Um die Theorie nicht zur grauen Theorie werden zu lassen, wird intensiv mit praktischen Fallbeispielen gearbeitet. Anhand der Beispiele wird Schritt für Schritt ein
theoretisches Handwerkszeug aufgebaut, mit dem schließlich recht komplexe ökonomische Sachverhalte analysiert
werden können. Im Mittelpunkt stehen dabei immer wieder konkrete Fragen der Wirtschaftspolitik, bei denen es
darum geht, ob und inwieweit staatliche Markteingriffe
ökonomisch gerechtfertigt sind.

Jedes einzelne Kapitel des Buches soll dem Leser eine
Grundlage für die Beurteilung vielfältiger wirtschaftlich
relevanter Fragen vermitteln. Dafür werden ihm allerdings keine fertigen Antworten vorgegeben, sondern es
werden Lösungswege aufgezeigt, die ihn in die Lage ver-
setzen sollen, sich selbst ein rasches und sicheres Urteil
auch zu solchen Fragen zu bilden, die im Text nicht di-

rekt angesprochen sind. Das didaktische Konzept entspricht damit weitgehend dem Konzept der juristischen Grundausbildung. Da das Buch jedoch keine juristischen Kenntnisse voraussetzt und auch keine derartigen Kenntnisse vermitteln will, kann es auch in anderen Ausbildungsgängen eingesetzt werden.

Es ist an dieser Stelle nicht möglich, allen zu danken, die zur Entstehung des Buches beigetragen haben. Mein besonderer Dank gilt jedoch Birgit Sander, die zahllose stilistische Verbesserungen beigesteuert hat, und Bernd Frey, der unermüdlich Korrektur gelesen, Literatur gesucht und das Stichwortverzeichnis erstellt hat. Einen herzlichen Dank auch an Helga Huß, Regina Möckel und Jutta Stribny, die meine handschriftlichen Notizen in ein druckfähiges Werk verwandelt haben. Dank schließlich all jenen Studenten, die keine Gelegenheit ausgelassen haben, mich auf Fehler in einem vorläufigen Manuskript zu diesem Buch hinzuweisen.

Kiel, im Sommersemester 1992   Henning Klodt

Inhalt

VIII

X

Kapitel A
Welche Fragen stellt die ökonomische Theorie?

"Wer vieles bringt, wird manchem etwas bringen", spricht der Theaterdirektor bei Goethe. Doch das Konzept, das beim Faust so trefflich aufgegangen ist, taugt nicht für ein einführendes Lehrbuch. Wer eine Einführung schreibt, muß sich beschränken, muß Prioritäten setzen. Die Priorität dieses Buches liegt darin, dem fachfremden Leser die Grundlagen der ökonomischen Argumentationsweise zu vermitteln, ihn vertraut zu machen mit der Sicht der Welt, wie sie sich durch die Brille des Ökonomen ergibt. Es wird nicht das Ziel verfolgt, den Leser zum Auswendiglernen enzyklopädischer Fachbegriffe zu bringen – dafür gibt es schließlich Nachschlagewerke. Statt dessen steht das Ziel im Mittelpunkt, ihm die Ökonomie als Wissenschaft nahezubringen und ihn vielleicht auch neugierig zu machen, sich über den Rahmen des hier Dargestellten hinaus mit ökonomischen Fragestellungen zu befassen.

Die Grundstrukturen menschlichen Denkens sind natürlich weitgehend gleich, und es wäre unsinnig, die Logik der Ökonomen von der Logik der Juristen, der Naturwissenschaftler oder der Mathematiker unterscheiden zu wollen. Die Unterschiede zwischen den Wissenschaftsdisziplinen liegen vielmehr darin, daß sie verschiedene Fragen stellen und verschiedene Methoden zur Problemlösung entwickelt haben. Eine Einführung in die Ökonomie als Wissenschaft muß daher klarmachen, welche Fragen sie stellt, wodurch ihre Methoden gekennzeichnet sind, welche Probleme sie lösen kann und welche nicht.

Die Ökonomie ist eine Sozialwissenschaft, d. h. im Mittelpunkt ihrer Analysen steht der handelnde Mensch. Die Zielsetzung liegt darin, komplexe soziale Phänomene auf einfache Grundstrukturen zu reduzieren, um Ursache-Wirkung-Beziehungen aufzeigen zu können. Ökonomen sind somit passive Beobachter, die das Verhalten von Menschen nicht verändern, sondern erklären wollen.

Die zentrale Methode für diese Erklärung ist die Modellbildung. Modelle bilden heißt, ein Abbild der Realität zu konstruieren, das Grundstrukturen deutlich werden läßt. Gute Modelle haben die gleichen Eigenschaften wie gute Landkarten. Sie konzentrieren sich auf das Wesentliche und lassen alles Unwesentliche weg. Für unterschiedliche Fragestellungen ist es zwar oftmals sinnvoll, unterschiedliche Modelle zu konstruieren, genau wie der Bahnreisende eine andere Landkarte benötigt als der Autoreisende oder der Wanderer. Aber es kann nie darum gehen, die Realität völlig originalgetreu abzubilden. Ein solches Modell wäre so nützlich wie eine Landkarte im Maßstab 1: 1.

Insgesamt umfaßt die ökonomische Theorie zwei große Teilgebiete, die als Makroökonomik und Mikroökonomik bezeichnet werden. In der Makroökonomik geht es um die Analyse gesamtwirtschaftlicher Prozesse, beispielsweise um die Erklärung von Konjunkturschwankungen oder um den Zusammenhang zwischen Geldpolitik und Inflation.

Die Mikroökonomik dagegen befaßt sich mit dem wirtschaftlichen Verhalten von einzelnen Personen, einzelnen
Haushalten oder einzelnen Unternehmen. Sie fragt beispielsweise, wie die Produktionskosten und die Absatzpreise eines Gutes zusammenhängen oder wie die Konsumenten auf Preisänderungen für einzelne Güter reagie-
ren. Auch bei der Mikroökonomik geht es letztlich um die
Konsequenzen wirtschaftlichen Handelns für die Gesamtwirtschaft, aber im Gegensatz zur Makroökonomik liegt
der Ansatzpunkt ihrer Analysen beim Individuum.

Diese Einführung konzentriert sich auf die Mikroökonomik, da sie es wesentlich besser als die Makroökonomik
erlaubt, ökonomische Denkweisen zu erlernen. Obwohl
die Mikroökonomik vom Verhalten einzelner ausgeht, geht
es nicht um Erklärungen in konkreten Einzelfällen, sondern um das im Regelfall zu erwartende Verhalten, d. h.
auch hier geht es um Landkarten und nicht um Landschaftsgemälde. So hat die Mikroökonomik keine Antwort
auf die Frage, ob Frau Müller mehr Kaffee trinkt, wenn
Kaffee billiger wird. Aber sie macht eine Aussage darüber, ob der Kaffeeabsatz in einer Region insgesamt
steigt, wenn der Preis sinkt.

Die einzelnen Kapitel des Buches stehen jeweils unter
bestimmten Fragestellungen, für deren Beantwortung das
dafür nötige Handwerkszeug anhand möglichst konkreter
Beispiele entwickelt wird. Dabei wird großer Wert darauf
gelegt, die analytischen Konzepte der ökonomischen

Theorie in behutsamen Schritten einzuführen und den Schwierigkeitsgrad kontinuierlich zu steigern:

- In Kapitel B geht es um die grundlegende Frage, weshalb eine marktwirtschaftliche Steuerung der Wirtschaft in aller Regel zu effizienten Ergebnissen führt. Diese Aussage wird zunächst einmal im Rahmen der Analyse eines einzelnen Marktes begründet. Dabei muß natürlich geklärt werden, was der Ökonom genau meint, wenn er von Effizienz spricht.

- In Kapitel C wird die Analyse einzelner Märkte erweitert zur Analyse einer gesamten Wirtschaft, in der die Wechselwirkungen zwischen verschiedenen Märkten berücksichtigt werden. Im Mittelpunkt stehen dabei die Fragen, wie die Konsumenten ihre Ausgaben auf verschiedene Güter aufteilen und wovon die Produktionsstruktur einer Volkswirtschaft bestimmt wird.

- In Kapitel D geht es darum, weshalb ein freier internationaler Handel für alle beteiligten Länder vorteilhaft ist. Im Grunde ist diese Fragestellung lediglich eine Ausdehnung derjenigen aus Kapitel B und C auf die internationale Ebene; und es wird sich zeigen, daß sie mit dem gleichen Instrumentarium wie mit dem in den vorangegangenen Kapiteln entwickelten analysiert werden kann.

- In Kapitel E wird aufgezeigt, wie sich die Struktur einer Wirtschaft im Wachstumsprozeß ändert. In der Realität lassen sich gewisse Grundmuster des Strukturwandels erkennen, die mehr oder weniger deutlich in nahezu allen Ländern auftreten und für die in diesem Kapitel einige einfache Erklärungen geboten werden.

- In Kapitel F werden verschiedene praktische Probleme der Wirtschaftspolitik modelltheoretisch erfaßt. Während in den vorstehenden Kapiteln immer wieder die Frage aufgeworfen wird, wie eine optimale Wirtschaftspolitik ausgestaltet werden sollte, geht es in diesem Kapitel darum, ob es überhaupt realistisch ist, von Wirtschaftspolitikern ein gesamtwirtschaftlich optimales Verhalten zu erwarten.

- In Kapitel G wird dargestellt, welche Ausnahmen es von der in Kapitel B aufgestellten Regel gibt, daß Märkte effizient sind. Es wird gezeigt, in welchen Fällen eine rein marktwirtschaftliche Steuerung der Wirtschaft nicht zu effizienten Ergebnissen führt. Daran schließt sich die Frage an, was der Staat in solchen Fällen tun kann, um das Versagen des Marktmechanismus auszugleichen.

- Den Schlußstein setzt Kapitel H, in dem auf der Grundlage der vorangegangenen Kapitel die Funktionen des Wettbewerbs in einer Marktwirtschaft und die Aufgaben der Wettbewerbspolitik herausgearbeitet werden.

Als roter Faden durchzieht den gesamten Text die Frage, welche wirtschaftspolitischen Konsequenzen sich aus den einzelnen Analysen ergeben. So wird der Leser der Wohnungsmarktpolitik begegnen, der Sozialpolitik und

der Steuerpolitik, der sektoralen Strukturpolitik und der
Handelspolitik, der Forschungs-, Bildungs- und Umweltpolitik sowie schließlich auch der Wettbewerbspolitik. Die
vermittelten Analysetechniken werden es ihm erlauben,
sich zu all diesen Politikbereichen ein eigenständiges,
fundiertes Urteil zu bilden.

Einige Lesehinweise: Die einzelnen Kapitel stehen nicht
isoliert nebeneinander, sondern bauen aufeinander auf.
Wer über keine wirtschaftswissenschaftliche Vorbildung
verfügt, wäre schlecht beraten, seine Lektüre mit einem
der hinteren Kapitel zu beginnen, weil ihm dort Fachbegriffe und Analysetechniken begegnen werden, für die in
den vorderen Kapiteln die Grundlagen gelegt sind. Un-
abdingbar für das Verständnis des Stoffes sind die Kapitel B und C. Auch Kapitel G und H sollten nicht ausgespart werden, denn sie schaffen das nötige Gegengewicht
zu den anderen Kapiteln, die für sich genommen als ein-
seitiges Plädoyer für eine ungezügelte Marktwirtschaft
mißverstanden werden könnten.

Wer nicht das ganze Buch durcharbeiten will, könnte am
ehesten auf die Kapitel D, E oder F verzichten oder
auch auf alle drei. Dadurch brächte er sich allerdings
um die Früchte seiner Mühen, die er für Kapitel B und
C aufgewendet hat. Denn ab Kapitel D geht es im wesentlichen darum, die zuvor entwickelten Konzepte auf
vielfältige wirtschaftspolitisch relevante Fragen anzuwen-
den.

Kapitel B
Warum sind Märkte effizient?

I. Ein kurzfristiges Modell des Marktes für Kinokarten

Stellen Sie sich vor, Sie wohnen in einer größeren Universitätsstadt und interessieren sich dafür, nach welchen Prinzipien der Markt für Kinokarten in dieser Stadt funktioniert. Ihnen als Filmfreund stehen mehrere Dutzend Kinos zur Auswahl, und jedes dieser Kinos gehört einem anderen Besitzer. Sie stellen fest, daß es gewisse Preisunterschiede zwischen den verschiedenen Kinos gibt, daß aber ähnlich gut ausgestattete Kinos ähnlich hohe Eintrittspreise verlangen. Außerdem fällt Ihnen auf, daß sich an manchen Wochentagen Schlangen vor den Kassen bilden und an anderen Wochentagen nicht alle Vorstellungen ausverkauft sind. Im Durchschnitt aber, über die gesamte Woche gesehen, scheinen die vorhandenen Sitzplätze während der Kinovorstellungen recht gut besetzt zu sein.

Um diesen Markt näher zu analysieren, treffen wir die vereinfachende Annahme, daß alle Kinos von ihrer qualitativen Ausstattung her gleichwertig und alle vorgeführten Filme gleich sehenswert sind. Um den Sachverhalt weiter zu vereinfachen, lassen wir auch die Nachfrageunterschiede zwischen den verschiedenen Wochentagen außer acht und unterstellen, daß es den Kinobesuchern gleich ist, ob sie eine bestimmte Vorstellung am Montag, am Freitag oder an einem beliebigen anderen Wochentag sehen. Der Andrang an den Kassen wird sich unter diesen Annahmen recht gleichmäßig auf alle Kinos und auf alle Wochentage verteilen.

Unsere wichtigste Frage lautet, wodurch die Höhe der Eintrittspreise für Kinovorstellungen in unserer Stadt bestimmt wird. Außerdem möchten wir klären, welche Personen ins Kino gehen und welche es vorziehen, ihre Abende anders zu verbringen. Um diese Fragen zu beantworten, benötigen wir einiges Handwerkszeug, das im folgenden entwickelt wird.

1. Die Nachfragekurve

Zunächst einmal schauen wir uns all diejenigen Personen an, die überhaupt daran interessiert sind, ins Kino zu gehen. Wir stellen fest, daß sie sich stark darin unterscheiden, wieviel Geld sie maximal für die Eintrittskarten ausgeben wollen oder können. Diese maximale Zahlungsbereitschaft des einzelnen Nachfragers wird als *Reservationspreis* bezeichnet, d. h. der Reservationspreis gibt in unserem Fall an, bis zu welchem Eintrittspreis die betreffende Person an einer Filmvorführung interessiert ist und ab welchem Preis sie es vorzieht, auf den Kinobesuch zu verzichten.

Nun sortieren wir alle Nachfrager nach der Höhe ihrer Reservationspreise für Kinokarten. In einer Grafik tragen wir auf der horizontalen Achse die Nachfrager und auf der vertikalen Achse ihre jeweiligen Reservations-

preise ab, wobei der Nachfrager mit dem höchsten Reservationspreis ganz links und der mit dem niedrigsten
Reservationspreis ganz rechts eingezeichnet wird (Schaubild B/1).

Dies ist natürlich ein reines Gedankenexperiment, denn
in der Praxis dürfte es kaum möglich sein, alle potentiellen Kinogänger zu erfassen. Viele von ihnen haben sich
vermutlich auch noch nie Gedanken darüber gemacht,
wieviel sie denn maximal für eine Kinokarte ausgeben
würden, d. h. sie sind sich über die Höhe ihres eigenen
Reservationspreises gar nicht im klaren. Dennoch ist die

*Schaubild B/1 – Reservationspreise verschiedener
Nachfrager*

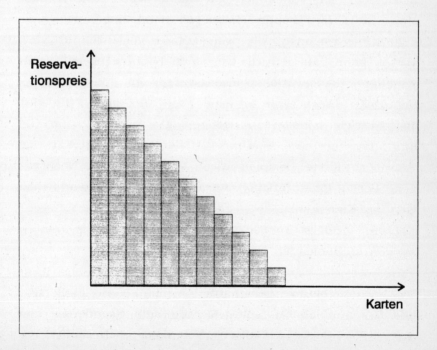

Vorstellung, daß es für jeden Nachfrager einen bestimmten Reservationspreis gibt, nicht unrealistisch. Doch selbst für jene Enthusiasten, die behaupten, einen bestimmten Film "unbedingt" sehen zu müssen, wird es einen Preis geben, der ihre persönliche Zahlungsbereitschaft übersteigt. Für unsere Analyse reicht es aus, zu wissen, daß jeder Nachfrager einen bestimmten Reservationspreis hat und daß es zumindest theoretisch möglich ist, die verschiedenen Nachfrager nach der Höhe ihres Reservationspreises zu sortieren.

Ist die Zahl der Nachfrager nicht so gering wie in Schaubild B/1, sondern viel größer, werden die Treppenstufen zwischen den einzelnen Reservationspreisen so klein, daß sie schließlich gar nicht mehr zu erkennen sind. Statt der Treppe können wir dann eine durchgezogene Linie zeichnen, die man sich als Perlenschnur vorstellen kann, auf der die einzelnen Nachfrager mit ihren jeweiligen Reservationspreisen aufgereiht sind (Schaubild B/2). Diese Linie ist eine *Nachfragekurve*. Sie gibt an, wieviele Kinokarten nachgefragt werden, wenn die Eintrittspreise eine bestimmte Höhe haben. Beträgt der Preis pro Karte beispielsweise p, werden alle Nachfrager, deren Reservationspreis so hoch wie p oder höher ist, ins Kino gehen, während alle anderen darauf verzichten. Anders ausgedrückt: Bei einem Preis von p werden x Kinokarten nachgefragt.

Die Nachfragekurve muß natürlich nicht - wie in Schaubild B/2 gezeichnet - eine Gerade sein, sondern kann auch Krümmungen aufweisen. Von links nach rechts ge-

Schaubild B/2 - Nachfragekurve

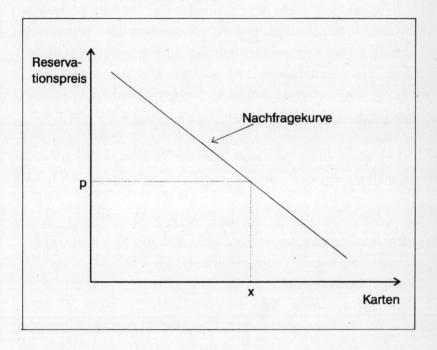

sehen muß sie jedoch monoton fallen und kann nicht vorübergehend wieder ansteigen, da wir ja bei der Konstruktion der Kurve die Nachfrager so sortiert haben, daß der Reservationspreis um so niedriger ist, je weiter wir nach rechts gehen.

2. Die kurzfristige Angebotskurve

Für die Angebotsseite unseres Marktes treffen wir zwei Annahmen, die für den Kinobereich recht plausibel sind:

- Erstens nehmen wir an, daß die Zahl der insgesamt verfügbaren Kinoplätze *kurzfristig* nicht verändert werden kann, sondern fest vorgegeben ist. Wenn sich jemand zum Bau neuer oder zur Erweiterung vorhandener Kinos entschließt, so dürften von der ersten Planung bis zur Fertigstellung mehrere Monate oder gar Jahre vergehen. Auch der Entschluß von Kinobesitzern, nichts mehr in die Instandhaltung zu investieren, führt erst nach einer gewissen Zeit zur Unbenutzbarkeit und damit zu einem Rückgang der Zahl der vorhandenen Kinoplätze.

- Zweitens gehen wir davon aus, daß die Kinos verschiedenen Personen gehören, die sich nicht untereinander absprechen, welche Eintrittspreise sie verlangen wollen. D. h. unter den Kinobesitzern herrscht *Wettbewerb*. Jeder einzelne von ihnen wird natürlich versuchen, möglichst hohe Einnahmen zu erhalten, doch er wird lieber zu einem niedrigen Preis Karten verkaufen, als sein Kino leerstehen zu lassen.

Unter diesen Bedingungen ist die Zahl der angebotenen Kinoplätze (x_w) kurzfristig völlig unabhängig vom Preis, und wir können die *Angebotskurve* als senkrechte Gerade in unser Diagramm eintragen (Schaubild B/3). Die Achsen sind identisch mit denen des Nachfragediagramms, nur an der vertikalen Achse steht nicht mehr der Reservationspreis der Nachfrager, sondern der Preis, zu dem die Eintrittskarten angeboten werden.

Schaubild B/3 - Kurzfristige Angebotskurve

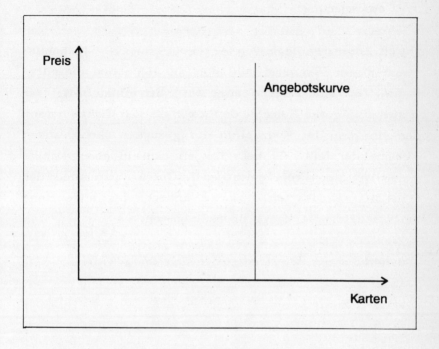

Es mag zunächst etwas schwerfallen, sich mit der Vorstellung abzufinden, daß die Höhe der Eintrittspreise
keinerlei Einfluß auf die Zahl der angebotenen Kinoplätze
haben soll. Diese Skepsis ist nicht ganz unberechtigt,
doch es muß betont werden, daß es bei der in Schaubild B/3 dargestellten Angebotskurve um eine kurzfristige Betrachtung geht. Der senkrechte Verlauf der
Kurve drückt aus, daß es den Kinobesitzern innerhalb
weniger Wochen oder Monate nicht möglich ist, auf erhöhte Preise mit einem erhöhten Angebot oder auf ver-
ringerte Preise mit einem verringerten Angebot zu rea-
gieren. In einem späteren Abschnitt dieses Kapitels wird
ausführlich auf die Angebotssituation bei längerfristiger
Betrachtung eingegangen.

3.   **Marktgleichgewicht und individuelle Nutzen-
     maximierung**

Durch Zusammenfügen von Angebots- und Nachfragekurve in einem Diagramm läßt sich die Höhe der Eintrittspreise für Kinobesuche ermitteln (Schaubild B/4). Wir
ziehen dafür das Konzept des *Marktgleichgewichts* heran,
das ein zentrales Konzept in der gesamten ökonomischen
Theorie darstellt. Es besagt, daß sich in einer Marktwirtschaft der Preis eines jeden Gutes (also auch der
Preis für Kinokarten) solange ändert, bis angebotene
und nachgefragte Menge übereinstimmen.

Schaubild B/4 - Kurzfristiges Marktgleichgewicht

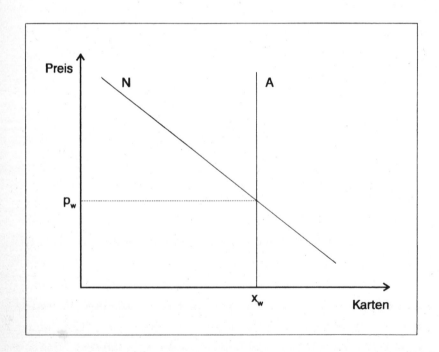

Es läßt sich leicht erkennen, daß unser Kinomarkt nur im Gleichgewicht ist bei einem Preis von p_w, der sich aus dem Schnittpunkt von Angebots- und Nachfragekurve ergibt. Wäre der Eintrittspreis höher als p_w, würden weniger Karten nachgefragt als angeboten, und die Besitzer der nicht ausgelasteten Kinos würden ihre Karten zu einem niedrigeren Preis anbieten, um mehr Zuschauer in ihre Vorstellungen zu locken. Wäre der Eintritt dagegen billiger als p_w, wären manche Kinos ständig ausverkauft, und die Kinobesitzer könnten die Eintrittspreise anheben, ohne auf ihren Karten sitzenzubleiben.

Wir haben hierbei den Kinobesitzern stillschweigend ein Verhalten unterstellt, das nicht ohne weiteres selbstverständlich ist: Wir haben angenommen, daß jeder von ihnen bestrebt ist, so hohe Einnahmen zu erzielen, wie sie der Markt hergibt. Dieses ausschließliche Schauen auf den eigenen Vorteil, bei dem beispielsweise mögliche Finanzprobleme einkommensschwacher Kinogänger außer acht gelassen werden, ist das Prinzip der *individuellen Nutzenmaximierung*, das als das fundamentale Axiom der ökonomischen Theorie angesehen werden kann, auf dem letztlich alle Analysen aufgebaut sind. Es mag zwar in der Realität durchaus Kinobesitzer geben, die sich mit niedrigeren als den maximal möglichen Einnahmen zufriedengeben, doch ein derartig altruistisches Verhalten wird in der ökonomischen Theorie grundsätzlich per Annahme ausgeschlossen. Der Grund dafür ist leicht einzusehen, denn wenn wir kein nutzenmaximierendes Verhalten der Kinobesitzer unterstellen, können wir nicht mehr

feststellen, welcher Eintrittspreis im Marktgleichgewicht
herrscht.

Ebenso stillschweigend haben wir den Kinobesuchern individuelle Nutzenmaximierung unterstellt. Dabei wäre es
durchaus vorstellbar, daß mildtätige Kinobesucher, denen
das Wohl der Kinobesitzer am Herzen liegt, freiwillig einen höheren Eintrittspreis zahlen, als sie es müßten, um
eine Kinokarte zu erhalten. Doch auch in einem solchen
Fall wäre das Prinzip des Marktgleichgewichts nicht mehr
geeignet, den in einem Markt herrschenden Preis zu ermitteln. Auch bei den Nachfragern ziehen die Ökonomen
es vor, altruistisches Verhalten per Annahme auszuschließen, womit sie in der Realität meist nicht ganz
falsch liegen dürften. [1]

Wenn die individuelle Nutzenmaximierung die Maxime des
Handelns von Konsumenten darstellt, können wir davon
ausgehen, daß der Reservationspreis, den sie für ein
bestimmtes Gut zu zahlen bereit sind, genau dem Nutzen
entspricht, den dieses Gut für sie hat. Wäre der Nutzen
des Gutes geringer, wären sie nicht bereit, soviel zu
zahlen; wäre der Nutzen höher, hätten sie einen höheren
Reservationspreis. Da wir aber die genaue Lage der
Nachfragekurve nie exakt feststellen können, ist es nicht
möglich, den Nutzen eines Gutes für alle Konsumenten in

---

[1] Die Frage, inwieweit das Prinzip der individuellen
Nutzenmaximierung ein angemessenes Modell menschlichen Verhaltens darstellt und in welchem Verhältnis es
zu psychologischen Verhaltensmodellen steht, wird ausführlich diskutiert bei Frey (1990).

Mark und Pfennig zu messen. Wir kennen nur den Nutzen, den das betreffende Gut für den letzten gerade noch zum Zuge gekommenen Konsumenten hat, denn sein Reservationspreis ist identisch mit dem Marktpreis.

Diesen Nutzen der letzten konsumierten Einheit eines Gutes nennen wir den *Grenznutzen*. Dieser Begriff wird in späteren Abschnitten dieses Kapitels wichtig werden. Hier bleibt festzuhalten, daß der Preis eines Gutes im Marktgleichgewicht gerade dem Grenznutzen des letzten Konsumenten entspricht. Geht die konsumierte Menge zurück, steigt bei unveränderter Nachfragekurve der Grenznutzen der Konsumenten; steigt die konsumierte Menge, so sinkt der Grenznutzen. Jeder einzelne Punkt auf der Nachfragekurve gibt somit an, wie hoch der Grenznutzen bei der zugehörigen Menge an verfügbaren Konsumgütern ist.

Zu Erläuterung ein einfaches Beispiel, das sich ausnahmsweise einmal nicht auf den Kinomarkt bezieht: Gehen wir einmal davon aus, daß Sie es schätzen, am Samstagmorgen ein gemütliches Frühstück einzunehmen. Sie wären bereit, für ein Brötchen eine Mark zu bezahlen. Sie hätten gern noch ein zweites, doch das ist Ihnen nur noch 70 Pfennig wert. Und für 30 Pfennig würden Sie sogar noch ein drittes Brötchen verzehren. Wenn der Bäcker in Ihrer Nachbarschaft seine Brötchen für 70 Pfennig verkauft, werden Sie also zwei Stück erwerben. Das heißt in der Fachsprach der Ökonomie, daß Sie bei einer Menge von zwei Stück einen Grenznutzen

des Brötchenkonsums von 70 Pfennig haben, und dieser
Grenznutzen entspricht dem Preis im Marktgleichgewicht.

Doch zurück zu den Kinos: Wir haben nunmehr, aufbauend auf dem Prinzip der individuellen Nutzenmaximierung, mit Hilfe der Instrumente Nachfragekurve und Angebotskurve sowie des Konzepts Marktgleichgewicht, ein
Modell des Marktes für Kinokarten entwickelt, mit dem
wir arbeiten können. Wir haben festgestellt, daß diejenigen Personen, deren Reservationspreis auf oder über
dem Gleichgewichtspreis liegt ins Kino gehen werden,
während die Nachfrager mit niedrigeren Reservationspreisen ihre Freizeit anders gestalten.

Schaubild B/5 - Verschiebung der Nachfragekurve

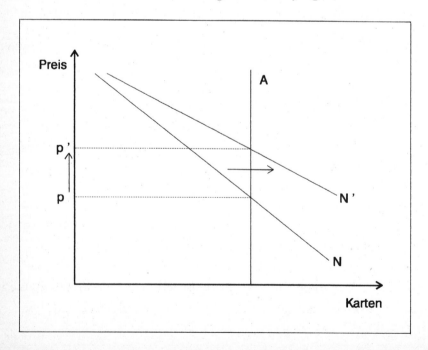

Mit diesem Modell läßt sich beispielsweise analysieren, was geschieht, wenn die Nachfrage nach Kinokarten steigt, etwa weil die Universität eine neue Fakultät eingerichtet hat und deshalb mehr Studenten in die Stadt ziehen und ins Kino gehen wollen. Die Nachfragekurve verschiebt sich dadurch von N nach N', und die Eintrittspreise steigen von p auf p' (Schaubild B/5). Steigt dagegen das Angebot an Kinoplätzen, etwa weil ein seit längerem im Bau befindliches Kinozentrum endlich eröffnet, verschiebt sich die Angebotskurve von A nach A', und die Eintrittspreise fallen von p auf p" (Schaubild B/6).

Schaubild B/6 - Verschiebung der Angebotskurve

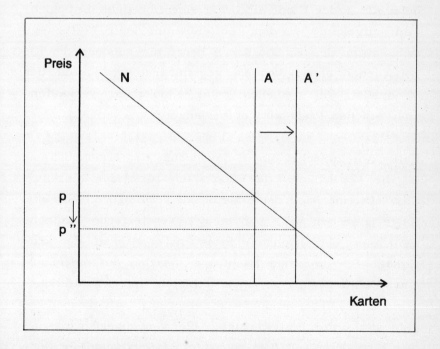

Bislang haben wir mit unserem recht einfachen Modell recht einfache Ergebnisse erzielt, und der Leser mag sich fragen, ob der Ertrag die Mühe gelohnt hat. Interessanter dürfte es werden, wenn einige der bisher getroffenen Annahmen abgeändert werden. Welche Marktgleichgewichte sich dann ergeben, ist Thema der beiden folgenden Abschnitte.

4. Monopolpreisbildung

Während Sie arglos Ihre Semesterferien in Frankreich oder anderswo verbrachten, hat sich in unserer Universitätsstadt ein einschneidender Wandel vollzogen: Sämtliche Kinos der Stadt sind von einem einzigen Unternehmen aufgekauft worden, so daß nun kein Wettbewerb mehr unter den Kinobesitzern herrscht, sondern die Kinobesucher einem *Monopol* gegenüberstehen. Auch der Monopolist will natürlich seine Kinokarten verkaufen, aber welchen Preis wird er verlangen?

Gehen wir zunächst einmal davon aus, der Monopolist habe die Möglichkeit, die Kinokarten für jeden einzelnen Sitzplatz eine nach der anderen zu versteigern. Wer eine Karte erwerben will, muß an der Versteigerung teilnehmen; wer den höchsten Preis bietet, erhält den Zuschlag. Die einzelnen Nachfrager werden auf einer solchen Versteigerung so lange mitbieten, bis der Auktionspreis ihrem Reservationspreis entspricht. Auf diese Weise geht die erste Eintrittskarte, die versteigert wird, an den Kinofreund mit dem höchsten Reservationspreis, also an denjenigen, den wir ganz links auf der Nachfragekurve eingezeichnet haben. Die zweite Karte geht an denjenigen mit dem zweithöchsten Reservationspreis, aber der Preis ist etwas niedriger als für die zuerst versteigerte Eintrittskarte. Die letzte Karte schließlich wird zum gleichen Preis wie bei Wettbewerb versteigert. Eine solche Erhebung unterschiedlicher Preise für identische Güter nennt man *personelle Preisdiskriminierung*[1].

Nach Abschluß der Versteigerung gehen offenkundig dieselben Personen ins Kino wie in der Wettbewerbssituation, denn auch bei Wettbewerb gehen die Eintrittskarten an die Nachfrager mit den höchsten Reservationspreisen. Die meisten Kinobesucher (mit Ausnahme des letzten) müssen allerdings einen höheren Eintritt zahlen, so daß die Einnahmen aus dem Kartenverkauf für den Monopolisten höher sind als für die im Wettbewerb zueinander stehenden Kinobesitzer zusammengenommen.

Es ist eine kurze Überlegung wert, weshalb denn die Kinobesitzer im Wettbewerb nicht auf die Idee gekommen sind, genau wie der preisdiskriminierende Monopolist von den einzelnen Nachfragern jeweils deren Reservationspreis zu verlangen. Die Antwort lautet, daß die Kinobesucher sich diesem Versuch leicht hätten entziehen kön-

---

[1] Andere Formen der Preisdiskriminierung sind die regionale Preisdiskriminierung, wie sie etwa von Mineralölkonzernen mit von Ort zu Ort unterschiedlichen Benzinpreisen praktiziert wird, oder die zeitliche Preisdiskriminierung, die beispielsweise bei Reiseveranstaltern in Form unterschiedlicher Preise für Haupt- und Nachsaison zu beobachten ist.

nen, indem sie sich den gewünschten Film in einem
preiswerteren Kino anschauen. Wenn die Kinobesitzer
tatsächlich in Wettbewerb zueinander stehen, d. h. wenn
sie zahlreich sind und sich nicht absprechen, hat keiner
von ihnen die Chance, einen höheren Preis als seine
Konkurrenten durchzusetzen.

Doch auch wenn die Kinobesucher einem Monopolisten gegenüberstehen, können sie sich der Preisdiskriminierung
entziehen, indem sie bei allen zur Versteigerung angebotenen Eintrittskarten nur bis zum Wettbewerbspreis mitbieten. Falls der Monopolist sämtliche verfügbaren Plätze
zur Versteigerung bringt, kann jeder Kinobesucher, der
mindestens den Wettbewerbspreis zu zahlen bereit ist,
sicher sein, eine Eintrittskarte zu erhalten, da die Anzahl der Personen, die diesen Preis bieten werden, genau der Anzahl der vorhandenen Sitzplätze entspricht.
Aus diesen Überlegungen folgt, daß auch Monopolisten in
der Regel nicht in der Lage sind, unterschiedliche Preise
für identische Güter zu verlangen. Unser Monopolist im
Kinomarkt muß sich also vermutlich etwas anderes als eine Versteigerung einfallen lassen, wenn er seinen Gewinn erhöhen will.

Das Kalkül eines gewinnmaximierenden Monopolisten, der
keine Möglichkeit zur personellen Preisdiskriminierung
hat, läßt sich wie folgt erläutern: Wenn der Monopolist
den *Wettbewerbspreis* als Eintrittspreis verlangt, errechnen sich seine Einnahmen als Produkt aus p_w und x_w.
Dies Produkt läßt sich grafisch darstellen als der Flächeninhalt des Rechtecks mit den Seiten p_w und x_w

(Schaubild B/7). Verlangt er dagegen einen *Monopolpreis* von p_m, geht die Nachfrage auf x_m zurück, und x_w-x_m Sitzplätze bleiben frei. Die Einnahmen betragen nun $p_m \cdot x_m$. Falls $p_m \cdot x_m$ größer ist als $p_w \cdot x_w$, lohnt es sich für den Monopolisten, einen Teil der Karten nicht zu verkaufen, da dann die Einnahmesteigerungen aus der Preiserhöhung, die sich aus $(p_m$-$p_w) \cdot x_m$ errechnen, größer sind als die Einnahmeverluste aus dem Nachfragerückgang, die $p_w \cdot (x_w$-$x_m)$ betragen (schraffierte Flächen in Schaubild B/7).[1]

Schaubild B/7 - Monopolpreisbildung

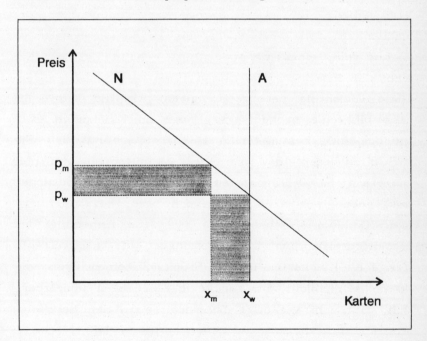

---

[1] Wer Spaß am Knobeln hat, mag sich überlegen, warum x_m gerade den x-Achsenabschnitt der Nachfragekurve halbiert.

Es ist sicherlich nicht ohne weiteres plausibel, daß es
für einen Monopolisten lohnend sein kann, einige Kinoplätze unbesetzt zu lassen, obwohl Nachfrager vorhanden
sind, die sogar mehr als den Wettbewerbspreis zu zahlen
bereit sind. Das Kalkül des Monopolisten soll deshalb anhand eines einfachen Rechenbeispiels noch einmal erläutert werden:

Nachfragekurven lassen sich nicht nur in Grafiken ein-
zeichnen, sondern auch als mathematische Funktion darstellen. Eine Nachfragekurve, wie sie in Schaubild B/7
eingezeichnet ist, könnte beispielsweise die folgende
Form haben:

$$x = 5000 - 125 \ p.$$

Diese Gleichung beschreibt, genau wie die Kurve im
Schaubild, die nachgefragte Menge an Kinokarten (x),
die bei einem bestimmten Preis (p) zu erwarten ist. Sie
ist so zu lesen, daß bei einem Eintrittspreis von null
insgesamt 5.000 Kinokarten an interessierte Besucher
ausgegeben werden könnten, d.h. die Nachfragekurve
schneidet die x-Achse bei 5.000. Jede Anhebung des
Eintrittspreises um 1 DM verringert die nachgefragte
Menge an Kinokarten um 125 Stück. Zu einem Preis von
40 DM schließlich wäre gar keine Karte mehr absetzbar,
d.h. die Nachfragekurve schneidet die p-Achse bei 40.

Insgesamt seien 4.000 Kinoplätze vorhanden, d.h.
x_w = 4.000. Durch Einsetzen von x_w in die Gleichung
für die Nachfragekurve erhalten wir den Wettbewerbs-

preis p_w = 8 DM. Die gesamten Einnahmen aus dem Kartenverkauf zum Wettbewerbspreis betragen somit $x_w \cdot p_w$ = 4000·8 DM = 32.000 DM. Der Monopolist erhöht nun schrittweise den Preis auf 16 DM , auf 20 DM und auf 24 DM. Welche Nachfragemengen und Gesamteinnahmen sich dabei aus der Nachfragegleichung errechnen, zeigt die Tabelle.

Tabelle B/1 - Einnahmen aus dem Verkauf von Kinokarten bei unterschiedlichen Eintrittspreisen

Eintrittspreis	verkaufte Eintrittskarten	freibleibende Sitzplätze	gesamte Einnahmen
8 DM	4.000	-	32.000 DM
16 DM	3.000	1.000	48.000 DM
20 DM	2.500	1.500	50.000 DM
24 DM	2.000	2.000	48.000 DM

Demnach lohnt es sich für den Monopolisten, den Preis bis auf 20 DM anzuheben und 1.500 Sitzplätze freibleiben zu lassen. Bei noch höherem Preis gehen die Gesamteinnahmen wieder zurück. Auch für Monopolisten wachsen die Bäume also nicht in den Himmel, aber in unserem Rechenbeispiel ergeben sich doch recht beträchtliche Preis- und Einnahmeunterschiede gegenüber der Wettbewerbssituation.

Die beiden in diesem Abschnitt gewonnenen Ergebnisse,

- daß beim perfekt preisdiskriminierenden Monopol die gleiche Menge angeboten wird und die gleichen Nachfrager das betreffende Gut erhalten wie bei Wettbewerb,

- daß die Angebotsmenge des nicht-diskriminierenden Monopolisten geringer ist als die von Anbietern, die im Wettbewerb zueinander stehen,

gelten nicht nur für das hier dargestellte Modell des Kinomarktes, sondern können verallgemeinert und auf beliebige andere Märkte übertragen werden.

5. Staatliche Preisbindung

Mit unserem einfachen Modell des Kinomarktes lassen sich aber nicht nur die Auswirkungen einer veränderten Marktstruktur auf der Angebotsseite analysieren. Es läßt sich auch zeigen, welche Konsequenzen ein staatlicher Eingriff in die Preisbildung am Markt hat. Nehmen wir an, die Stadtverwaltung möchte sich mit Blick auf die nächste Kommunalwahl des Wohlwollens der Kinobesucher versichern und beschließt, für die Eintrittskarten von Kinovorstellungen einen Höchstpreis festzusetzen. Welche Wirkungen eine solche staatliche *Preisbindung* hat, soll zunächst für die Monopolsituation und dann für die Wettbewerbssituation analysiert werden.

Bei der Monopolsituation beschränken wir uns auf den Fall des Anbieters, der keine Preisdiskriminierung vornimmt. Wir greifen auf Schaubild B/7 zurück und unterstellen, daß in der Ausgangssituation x_m Karten zum Preis von p_m verkauft werden. Die Stadtverwaltung führt nun eine Preisbindung ein, die ein Anheben der Eintrittspreise über p_w hinaus verbietet. Würde der Monopolist unverändert eine Menge von x_m Kinokarten anbieten, betrügen seine Einnahmen jetzt $p_w \cdot x_m$. Er wird jetzt freiwillig die Zahl der angebotenen Karten auf x_w erhöhen, um Einnahmen in Höhe von $p_w \cdot x_w$ erzielen zu können. Die Situation auf dem Kinomarkt entspricht nun trotz Angebotsmonopol der Situation bei Wettbewerb. Hier ist es also durch den staatlich festgesetzten Höchstpreis zu einer besseren Ausnutzung der vorhandenen Kinoplätze gekommen.

Herrscht dagegen Wettbewerb unter den Kinobesitzern, hat eine staatliche Preisbindung ganz andere Auswirkungen. Legt der Staat einen Höchstpreis von p_s fest, werden nach wie vor x_w Karten angeboten, aber x_s Karten nachgefragt (Schaubild B/8). Es bilden sich Schlangen vor den Kassen, nicht jeder Interessent kommt in die Vorstellung hinein, und es existiert kein Marktgleichgewicht mehr. Eine Eintrittskarte erhalten nur diejenigen Personen, die einen günstigen Platz in der *Warteschlange* haben. Es wäre reiner Zufall, wenn diese Personen zugleich die Nachfrager mit dem höchsten Reservationspreis wären.

Schaubild B/8 - Preisbindung

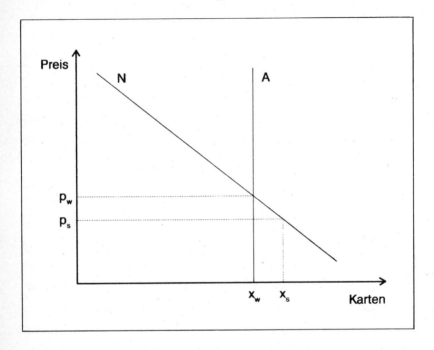

Wir können wohl davon ausgehen, daß einige Personen, deren Reservationspreis unter p_w liegt, eine Eintrittskarte erhalten, während andere, deren Reservationspreis über p_w liegt, leer ausgehen. Die Preisbindung hat also nur denjenigen Kinogängern Vorteile gebracht, die eine Karte erhalten. Diejenigen dagegen, die bei reinem Wettbewerb zum Zuge gekommen wären, aber aufgrund eines ungünstigen Platzes in der Warteschlange keine Karte mehr erhalten haben, erleiden durch die Preisbindung einen Nachteil.

Doch auch diesen Personen kann geholfen werden, wenn wir die Annahmen unseres Modells abermals ein wenig abändern. Bislang war unterstellt, daß jeder, der eine Karte kauft, auch tatsächlich die entsprechende Kinovorstellung besucht. Wenn es jedoch die Möglichkeit zum *Schwarzhandel* gibt, kann es zu Tauschgeschäften zwischen den verschiedenen Kartenkäufern kommen.

Falls beispielsweise Käufer A, dessen Reservationspreis bei p_A liegt, eine Eintrittskarte erhalten hat, und Käufer B, dessen Reservationspreis bei p_B liegt, leer ausgegangen ist, könnte A seine Karte an B weiterverkaufen und selbst auf den Kinobesuch verzichten (Schaubild B/9). Wie hoch der Schwarzmarktpreis für die Karte ist, kommt auf das Verhandlungsgeschick von A und B an, er wird jedoch in jedem Fall zwischen p_A und p_B liegen. Wenn sie sich beispielsweise auf p_w einigen, haben beide einen Vorteil von dem Tauschgeschäft; denn A ist der Gewinn aus dem Schwarzhandel in Höhe von $p_w - p_s$ mehr wert als selbst zum Preis von p_w ins Kino zu gehen, und B muß für eine Eintrittskarte, die ihm p_B wert ist, nur p_w zahlen.

Insgesamt muß die Zahl der Personen, deren Reservationspreis über p_w liegt und die leer ausgegangen sind, genauso groß sein wie die Zahl derer, deren Reservationspreis unter p_w liegt und die eine Karte erhalten haben. Für all diese Personen lohnt es sich, Schwarzmarktgeschäfte abzuschließen, entweder als Käufer oder als Verkäufer. Nachdem diese Verträge geschlossen sind, gehen dieselben Personen ins Kino wie in der Wettbewerbssituation ohne staatliche Preisbindung.

Schaubild B/9 - Schwarzhandel

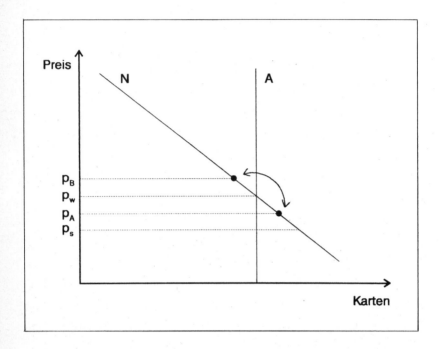

Die Preisbindung hat also an der endgültigen Verteilung der Eintrittskarten zwischen den Interessenten nichts geändert, sondern lediglich zu einer Einkommensumverteilung zwischen Kinobesitzern, Schwarzhändlern und Kinobesuchern geführt. Dieses Ergebnis ist sicherlich nicht trivial, denn es dürfte sich rein intuitiv ohne das hier verwendete theoretische Handwerkszeug nur schwer nachvollziehen lassen.

II. Effizienz und Pareto-Optimalität

Mit dem hier vorgestellten Modell des Kinomarktes konnte
eine Reihe unterschiedlicher Marktsituationen dargestellt
werden, die sich aus den unterschiedlichen Annahmen
über das Verhalten der Kinobesucher, der Kinobesitzer
und des Staates ergeben. Es ist aber bislang nicht geklärt, wie diese Situationen im Verhältnis zueinander zu
bewerten sind, d. h. welche Marktsituation gegenüber
welcher vorzuziehen ist. Eine solche Bewertung ist aber
nötig, wenn beispielsweise entschieden werden muß, ob
der Staat mit Preiskontrollen oder anderen Maßnahmen in
den Markt eingreifen soll oder nicht.

Ökonomen bewerten Marktsituationen danach, ob sie effizient sind oder nicht. Effizient wirtschaften heißt, ein
gegebenes Ziel mit möglichst geringen Mitteln zu erreichen oder mit gegebenen Mitteln ein möglichst hochge-
stecktes Ziel zu verwirklichen.[1] Die generelle Zielsetzung, die dem wirtschaftlich handelnden Menschen von
Ökonomen unterstellt wird, ist die individuelle Nutzenmaximierung (s. o. Abschnitt B I. 3.). Marktsituationen werden in der ökonomischen Theorie also danach beurteilt,
wie hoch der individuelle Nutzen ist, der mit den eingesetzten Mitteln (Kapital, Arbeitszeit, Rohstoffe etc.) erreicht wird. Ist mit den vorhandenen Mitteln keine weitere Nutzensteigerung mehr möglich, gilt der erreichte Zu-
stand als effizient.

---

[1] In der Literatur wird dieses Kriterium auch als "das
ökonomische Prinzip" bezeichnet.

Die Schwierigkeiten bei der Effizienzbeurteilung rühren
daher, daß es nicht möglich ist, nach wissenschaftlichen
Kriterien den Nutzen einer Person mit dem Nutzen einer
anderen Person zu vergleichen. Nehmen Sie an, Person
X und Person Y haben beide einen unbegrenzten Appetit
auf Brötchen, d. h. je mehr Brötchen, desto höher ihr
Nutzen. Wenn beide in der Situation A zwei Brötchen
hatten, und in der Situation B hat X zehn Brötchen,
aber Y nur noch eins, hat sich dann die gesamtwirtschaftliche Wohlfahrt verbessert oder verschlechtert?
Diese Frage ist nicht zu beantworten, da es keinen ob-
jektiven Maßstab gibt, mit dem der erhöhte Nutzen von X
gegenüber dem verringerten Nutzen von Y bewertet werden könnte. Wenn dagegen in der Situation C sowohl X
als auch Y über drei Brötchen verfügen, ist diese Situation gegenüber A eindeutig überlegen. Nicht eindeutig
ist dagegen, wie C gegenüber B bewertet werden soll.
Die Situation D schließlich, bei der X drei Brötchen und
Y zwei Brötchen hat, ist gegenüber A überlegen und gegenüber C unterlegen, während eine Rangordnung im
Vergleich zu B nicht möglich ist.

Eindeutige Aussagen darüber, ob eine Situation einer an-
dern vorzuziehen ist, können also nur getroffen werden,
wenn es in der einen Situation mindestens einer Person
besser und keiner anderen Person schlechter geht. Ist
es nicht mehr möglich, mit den vorhandenen Mitteln eine
Person besserzustellen, ohne eine andere schlechterzustellen, dann ist diese Situation aus ökonomischer Sicht
effizient. Diese Interpretation des Effizienzbegriffs geht
zurück auf den italienischen Ökonomen Vilfredo Pareto

(1848-1923). Effizienz im ökonomischen Sinne wird deshalb auch als *Pareto-Effizienz* bezeichnet.

Die Sprache der Ökonomen unterscheidet sich also in diesem Punkt von der Sprache des Alltags. In der Umgangssprache ist der Begriff "effizient" steigerbar (effizient, effizienter, am effizientesten). In der ökonomischen Fachsprache läßt sich "effizient" nicht steigern; eine Situation ist entweder effizient oder ineffizient - Zwischenstufen gibt es nicht. Oftmals wird für den Begriff der Pareto-Effizienz auch der Begriff der *Pareto-Optimalität* benutzt. Diesem Sprachgebrauch wird auch hier gefolgt, indem im weitern Text die Begriffe "effizient" und "parto-optimal" als Synonyme verwendet werden.

Schauen wir uns nun unter dem Pareto-Kriterium die Marktsituation beim nicht-preisdiskriminierenden Monopol an, wie sie oben in Schaubild B/7 dargestellt ist: Hier beträgt der Eintrittspreis p_m; x_m Karten werden verkauft, und $x_w - x_m$ Kinoplätze bleiben leer. Würden diese Plätze an Kinobesucher vergeben, die beim Monopolpreis nicht zum Zuge gekommen sind, ginge es diesen Personen besser und niemandem sonst schlechter. Die Marktsituation in Schaubild B/7 mit einem Eintrittspreis von p_m und verkauften Karten in Höhe von x_m ist also nicht pareto-optimal.

Anders ist die Situation bei Wettbewerb: Alle Vorstellungen sind vollständig besetzt, und der Kinobesuch ist jedem Karteninhaber mehr wert als den Personen, die keine Karte gekauft haben. Damit gibt es auch keine Möglichkeit für Tauschgeschäfte, bei denen sich alle Beteiligten besser stehen. Die Situation der Personen ohne Eintrittskarte ließe sich nur auf Kosten der Karteninhaber verbessern und umgekehrt. Die Wettbewerbssituation ist also pareto-optimal.

Es mag auf den ersten Blick überraschen, doch auch die Situation beim perfekt preisdiskriminierenden Monopol ist pareto-optimal. Auch hier gibt es keine freibleibenden Kinoplätze und keine Möglichkeiten für Tauschgeschäfte zwischen Kartenkäufern zum gegenseitigen Vorteil. Die meisten Kinobesucher (bis auf den letzten) müssen zwar einen höheren Eintrittspreis zahlen als bei Wettbewerb, so daß ihre Wohlfahrt beeinträchtigt wird, doch dafür geht es dem Kinobesitzer besser. Es gibt keine Möglichkeit, die Kinobesucher besserzustellen, ohne zugleich den Kinobesitzer schlechterzustellen. Die Einkommensverteilung ist natürlich eine andere als bei Wettbewerb, aber diese Situation ist dennoch pareto-optimal. Das Kriterium der Pareto-Optimalität ist völlig indifferent gegenüber unterschiedlichen Einkommensverteilungen. Es stellt nur darauf ab, ob positive Veränderungen für einige ohne negative Veränderungen für andere möglich sind.

Wegen dieser Indifferenz gegenüber der Einkommensverteilung kann der Ökonom auch nie eine Aussage darüber machen, ob etwa eine bestimmte Maßnahme des Staates sozialpolitisch gerechtfertigt ist oder nicht. Gelegentlich

wird den Ökonomen unterstellt, sie würden wirtschaftliche Effizienz höher bewerten als soziale Gerechtigkeit.
Das ist falsch. Eine solche Abwägung können sie gar
nicht treffen, da Aspekte der sozialen Gerechtigkeit
weitgehend außerhalb ihres Blickfeldes liegen. Sie können nur eine Aussage darüber machen, ob die verfolgten
sozialpolitischen Ziele auf effiziente Weise erreicht werden
oder nicht.

Egon Sohmen (1976, S. 4) schreibt dazu: "Wirft man Na-
tionalökonomen die Vernachlässigung des Verteilungspro-
blems vor, so gilt andererseits umgekehrt, daß viele
Nichtökonomen überhaupt nur die Verteilungsfrage als
ökonomisches Problem erkennen (und überdies vielfach
als reine Machtfrage ansehen). Erfahrungsgemäß schafft
erst eine eingehendere Beschäftigung mit der Nationalökonomie ein ausreichendes Verständnis dafür, daß es
daneben auch noch andere, keineswegs einfach zu lösen-
de ökonomische Probleme gibt." Hinzugefügt werden
könnte, daß es auch andere Wissenschaftsdisziplinen
nicht geschafft haben, ein eindeutiges Kriterium für Gerechtigkeit zu entwickeln. Das Scheitern aller Versuche,
etwa im Rahmen der Philosopie oder der Rechtswissen-
schaften allgemeingültige Gerechtigkeitsnormen aufzustel-
len, liegt aus ökonomischer Sicht vor allem in der Un-
möglichkeit des interpersonellen Nutzenvergleichs begründet.

Der Leser dürfte nun selbst in der Lage sein, die anderen in Abschnitt B I. diskutierten Marktsituationen in
Hinblick auf ihre Pareto-Optimalität zu beurteilen. Einen

Überblick der Ergebnisse gibt Tabelle B/2; der Weg dorthin sei jedem selbst überlassen.

Tabelle B/2 - Beurteilung unterschiedlicher Marktsitua-
tionen nach ihrer Effizienz

Marktsituation	pareto-optimal
Wettbewerb	ja
perfekt preisdiskriminierendes Monopol	ja
normales Monopol	nein
Monopol mit Preisbindung auf p_w	ja
Wettbewerb mit Preisbindung auf p_s	
- ohne Schwarzhandel	nein
- mit Schwarzhandel	ja

III. Variables Angebot

In unserem Modell des Kinomarktes ist die Angebotsseite
bislang recht stiefväterlich behandelt worden. Es wurde
allein auf die kurze Frist abgestellt, d. h. auf Situationen, in denen die Zahl der insgesamt verfügbaren Kinoplätze fest vorgegeben ist. Längerfristig muß natürlich
damit gerechnet werden, daß bei steigender Nachfrage
und entsprechend steigenden Preisen für die Eintrittskarten auch das Angebot steigen wird. Spiegelbildlich
dazu ist bei rückläufiger Nachfrage und sinkenden Preisen langfristig eine Verminderung der Zahl der angebotenen Kinoplätze zu erwarten.

Stellen Sie sich vor, Sie hätten keinerlei Vermögen, aber
unbegrenzten Kredit bei Ihrer Bank. Sie überlegen, ob
Sie einen Kredit über 1 Mio. DM aufnehmen sollen, um
mit dem Geld ein geeignetes Gebäude zu erwerben und
ein Kino darin einzurichten. Die Bank verlangt von Ihnen für den Kredit acht Prozent an Zinsen und Tilgung
pro Jahr, das sind also 80. 000 DM. Nun rechnen Sie die
zu erwartenden Erträge zusammen, die nach Abzug der
laufenden Betriebskosten von den Verkaufserlösen der
Eintrittskarten übrigbleiben, und stellen fest, daß sie
ebenfalls 80. 000 DM betragen. Unter diesen Bedingungen
werden Sie vermutlich darauf verzichten, ins Kinogeschäft einzusteigen, denn Sie müßten ein unternehmerisches Risiko auf sich nehmen, ohne einen Gewinn dafür
erwarten zu können.

Nach einiger Zeit stellen Sie jedoch fest, daß die Popularität des Kinos stark zugenommen hat und offenbar weitaus mehr Leute als früher ins Kino gehen wollen. Sie interpretieren diesen neuen Trend als Verschiebung der Nachfragekurve und stellen fest, daß die Preise für Eintrittskarten bereits deutlich gestiegen sind. Sie kalkulieren, daß Ihr Ertrag aus der Errichtung eines neuen Kinos bei diesen erhöhten Preisen nicht mehr 80.000 DM, sondern 120.000 DM pro Jahr betragen würde. Sie entschließen sich also, Ihr Kino zu bauen, da Sie mit einem Gewinn von 40.000 DM pro Jahr rechnen. Diese Rechnung wäre vermutlich auch aufgegangen, wenn Sie der einzige wären, der auf den Preisanstieg mit Bauplanungen reagiert. Doch leider kommen noch mehr Personen auf die Idee, neue Kinos zu bauen.

Der verstärkte Bau von Kinos hat nun zweierlei Auswirkungen:

- Zum einen werden Gebäude in geeigneter Lage knapp, Ausbaufirmen arbeiten am Rande ihrer Kapazität und erhöhen die Preise, und selbst Einrichtungsgegenstände für Kinos werden teurer. Sie müssen Ihre Kalkulation revidieren und stellen fest, daß das von Ihnen geplante Kino nicht 1 Mio. DM, sondern 1,25 Mio. DM kosten wird.

- Zum anderen steht der größeren Zahl von Kinogängern nach Abschluß der Bauarbeiten auch eine größere Zahl von Kinoplätzen gegenüber, so daß die Eintrittspreise wieder rückläufig sind. Sie können nur noch mit einem

Ertrag von 100.000 DM pro Jahr rechnen statt mit den ursprünglich veranschlagten 120.000 DM.

Ihre Kalkulation sieht nun wie folgt aus: Auf den Kredit über 1.25 Mio. DM müssen Sie acht Prozent an die Bank zahlen; das sind 100.000 DM pro Jahr. Da Ihre Erträge ebenfalls 100.000 DM betragen, hat Ihnen der Einstieg ins Kinogeschäft zwar keinen Verlust, aber auch keinen Gewinn gebracht.

Die hier beschriebene Entwicklung läßt sich in unserem Angebot-Nachfrage-Diagramm wie folgt darstellen: In der Ausgangssituation wurden x_o Eintrittskarten zum Preis von p_o verkauft (Schaubild B/10). Durch die erhöhte Popularität des Kinos verschiebt sich die Nachfragekurve von N nach N'. Da das Angebot an Kinoplätzen kurzfristig nicht erhöht werden kann, steigen die Eintrittspreise auf p_o' an; wir bewegen uns also auf der kurzfristigen Angebotsfunktion A nach oben. Durch die Fertigstellung neuer Kinos steigt die Zahl der angebotenen Eintrittskarten auf x_1. Diese können aber nicht alle zu einem Preis von p_o' verkauft werden, so daß die Eintrittspreise auf p_1 zurückgehen (Bewegung auf der Nachfragekurve N' von b nach c). Die neue kurzfristige Angebotskurve liegt nun bei A'.

Als die Popularität des Kinos noch gering war und die Nachfragekurve bei N lag, stellte der Punkt a in Schaubild B/10 sowohl ein *kurzfristiges* als auch ein *langfristiges Marktgleichgewicht* dar. Da die mit dem Betrieb von Kinos zu erzielenden Erträge genau den Kosten für die

Schaubild B/10 - Angebotsreaktion bei Verschiebung der
Nachfragekurve

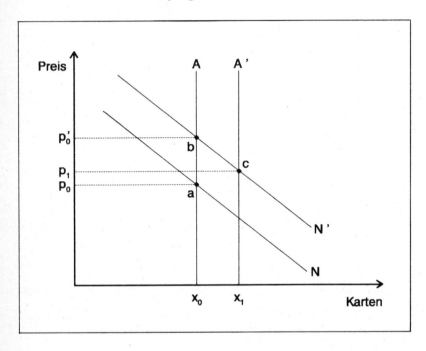

Errichtung neuer Kinos entsprachen, war es für nie-
manden lohnend, zusätzliche Kinos zu eröffnen, so daß
auch langfristig keine Erhöhung des Angebots an Kinoplätzen zu erwarten war.

Mit der Verschiebung der Nachfragekurve nach N' dagegen wird Punkt b zum neuen kurzfristigen Marktgleichgewicht. Dieses Gleichgewicht ist jedoch langfristig nicht
stabil, da durch die Eröffnung zusätzlicher Kinos höhere
Erträge als Kosten erzielt werden können, die Ausweitung des Angebots also lohnend wird. Die Investitionstä-
tigkeit im Kinobereich kommt erst zum Stillstand, wenn

Punkt c erreicht ist, wenn also die Kosten neuer Kinos
genau den zu erwartenden Erträgen entsprechen. Es war
somit kein Zufall, daß in dem oben beschriebenen Beispiel nach Abschluß der Bauarbeiten für Sie kein Gewinn
mehr übrigblieb, sondern ein Zeichen dafür, daß ein
neues langfristiges Marktgleichgewicht erreicht wurde.

Kommt es abermals zu einem Nachfrageschub, so daß sich
die Nachfragekurve von N' auf N" verschiebt, steigen
die Eintrittspreise auf p_1'; und Punkt d wird zum kurzfristigen Marktgleichgewicht (Schaubild B/11). Auch dieser Preisanstieg löst allerdings Neuinvestitionen aus, so
daß das Angebot an Kinoplätzen auf x_2 zunimmt. A" ist
die neue kurzfristige Angebotskurve, und Punkt e ist
das neue Marktgleichgewicht. Es ist nur dann langfristig
stabil, wenn die Kosten zusätzlich eingerichteter Kinoplätze den Erträgen entsprechen, d. h. wenn die Eintrittspreise p_2 betragen.

Die Verbindungslinie zwischen a, c und e ist die *langfristige Angebotskurve*. Jeder Punkt auf dieser Kurve gibt
an, wie hoch die Kosten für einen zusätzlich eingerich-
teten Kinoplatz sind. Diese Kosten werden als *Grenzkosten* bezeichnet. Wenn Wettbewerb unter den Anbietern
herrscht (wovon wir in diesem Abschnitt durchweg ausgegangen sind), stellt die langfristige Angebotskurve die
Grenzkosten des jeweils angebotenen Gutes dar, d. h. die
Kosten, die an einem bestimmten Punkt der Kurve für

Schaubild B/11 - Langfristige Angebotskurve

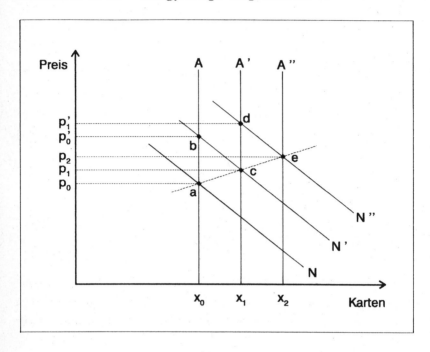

die Produktion einer zusätzlichen Einheit des Gutes entstehen. [1]

Wir haben gesehen, daß in dem obigen Beispiel für Sie
mit dem Neubau von Kinos nichts zu verdienen ist, da
die gegenüber der Ausgangssituation höheren Einnahmen
aus dem Kartenverkauf durch die Steigerung der Kosten
wieder aufgezehrt wurden. Wer jedoch sein Kino schon

---

[1] Übrigens können auch die kurzfristigen Angebotskurven in Schaubild B/10 und Schaubild B/11 als Grenz-
kostenkurven angesehen werden: Wenn die Zahl der
Kinoplätze kurzfristig nicht erhöht werden kann, so
bedeutet dies nichts anderes, als daß die Grenzkosten
unendlich hoch sind.

früher gebaut hat, als sowohl die Eintrittspreise als auch
die Grenzkosten noch bei p_o lagen, der profitiert durchaus von dem Anstieg der Eintrittspreise auf p_1 oder p_2.
Wettbewerb unter den Kinobesitzern bedeutet demnach
nicht, daß im Kinomarkt gar keine Gewinne zu erzielen
wären. Wettbewerb bedeutet nur, daß für neu in den
Markt eintretende Anbieter lediglich in der Übergangs-
phase, nicht aber im langfristigen Marktgleichgewicht
Gewinne möglich sind.

Die langfristige Situation am Kinomarkt kann somit durch
eine negativ geneigte Nachfragekurve und eine positiv
geneigte Angebotskurve gekennzeichnet werden, wobei
die Angebotskurve die Grenzkosten bei den verschiedenen Mengen angibt (Schaubild B/12). Dabei dürfte auf
dem Kinomarkt der Unterschied zwischen kurzer und
langer Frist besonders groß sein, da die Planungs- und
Produktionszeiten beim Bau eines neuen Kinos besonders
lang sind. Bei anderen Dingen des täglichen Lebens
(Autos, Brötchen, Kühlschränke, Lehrbücher) kann auf
Nachfragesteigerungen meist sehr viel schneller mit An-
gebotsausweitungen reagiert werden, ohne die Grenzkosten in unendliche Höhen zu treiben. Doch auch hier gilt
die Regel, daß Angebotskurven um so steiler verlaufen,
je kürzer der Betrachtungszeitraum ist.

Bevor wir die neugewonnenen Erkenntnisse auf die Wirtschaftspolitik anwenden, soll noch einmal auf die Frage
eingegangen werden, warum das sich bei Wettbewerb ein-
stellende Marktgleichgewicht pareto-optimal ist. Dafür
greifen wir auf die in Abschnitt B I.3. gewonnene Er-

Schaubild B/12 - Langfristiges Marktgleichgewicht

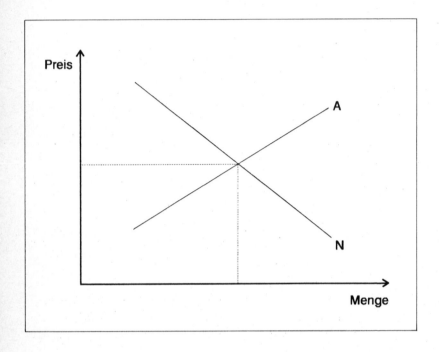

kenntnis zurück, nach der die Nachfragekurve für ein Gut die *Grenznutzen* für die Konsumenten bei unterschiedlichen Mengen angibt. Bei dem in Schaubild B/13 dargestellten Markt (der nicht der Kinomarkt sein muß, sondern auch ein beliebiger anderer Markt sein kann) ist das Gleichgewicht bei x_o und p_o gegeben. Vergleichen Sie dies mit der Situation bei einer Angebotsmenge von x_2, die zu einem Preis von p_2 angeboten werden muß, um abgesetzt werden zu können. Hier werden Güter produziert, deren Grenzkosten p_2' betragen, die dem letzten Nachfrager, der gerade noch zum Zuge kommt, aber nur p_2 wert ist.

*Schaubild B/13 - Grenznutzen und Grenzkosten im lang-
fristigen Marktgleichgewicht*

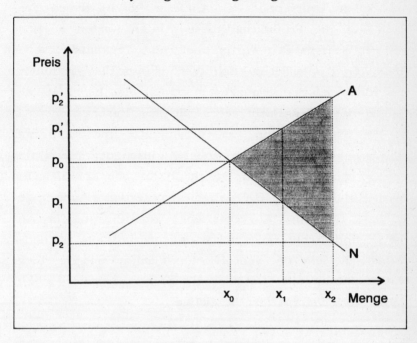

Diesem Nachfrager, dessen Reservationspreis durch p_2 gegeben ist, wird es gleich sein, ob er das betreffende Gut erhält oder nicht. Wenn er es bekommt, hat er zwar einen Grenznutzen von p_2, aber er muß dafür auch einen Kaufpreis von p_2 bezahlen, so daß sein Nutzenzuwachs durch den Erwerb einer zusätzlichen Einheit des Gutes gleich Null ist. Der Produzent dagegen spart durch eine Reduzierung der Produktion um eine Einheit Kosten in Höhe von p_2' ein, verliert aber nur Verkaufserlöse in Höhe von p_2. Sein Nutzen steigt also um den Betrag $p_2'-p_2$. Eine Produktionsmenge in Höhe von x_2 ist somit nicht pareto-optimal.

Ganz analog dazu ist die Lage bei einer Angebotsmenge von x_1 zu beurteilen. Der Anbieter könnte durch Verzicht auf die Produktion dieses Gutes Kosten in Höhe von p_1' einsparen, würde aber nur Verkaufserlöse in Höhe von p_1 verlieren. Sein Verlust aus der Produktion des Gutes mit den Grenzkosten p_1' ist also höher als der Grenznutzen des Nachfragers mit dem Reservationspreis p_1. Der Nutzengewinn, der für Anbieter und Nachfrager zusammengenommen durch eine Reduktion der Produktion von x_2 auf x_0 möglich ist, kann an der schraffierten Fläche in Schaubild B/13 abgelesen werden. Anders gewendet: Bei einer Angebotsmenge von x_2 geht für Anbieter und Nachfrager zusammengenommen ein möglicher Nutzen in Höhe der schraffierten Fläche verloren. Diese Nutzeneinbuße aller Beteiligten wird als *gesamtwirtschaftlicher Wohlfahrtsverlust* bezeichnet.

Entsprechend dazu ließe sich zeigen, daß es auch nicht pareto-optimal wäre, eine geringere Produktionsmenge als x_0 anzubieten. Durch eine Ausweitung der Produktion bis auf x_0 würden die Nachfrager mehr an Nutzen hinzugewinnen, als die Anbieter an zusätzlichen Kosten aufwenden müßten. Eine Marktsituation ist also grundsätzlich dann und nur dann pareto-optimal, wenn Grenzkosten und Grenznutzen übereinstimmen.

IV. Wohlfahrtsvergleich wohnungsmarktpolitischer Instrumente

Die bisher gelegten Grundlagen bieten bereits vielfältige wirtschaftspolitische Anwendungsmöglichkeiten, insbesondere in Hinblick auf die Frage, wie sich staatliche Eingriffe in den Marktmechanismus auf die gesamtwirtschaftliche Wohlfahrt auswirken. Dafür wäre es allerdings wenig sinnvoll, am Beispiel des Kinomarktes festzuhalten, da es in diesem Bereich kaum direkte staatliche Markteingriffe gibt. Zwar haben die Gemeinden Einfluß darauf, wo Kinos errichtet werden dürfen und wo nicht; in die Preisgestaltung, die Struktur des Angebots oder die Finanzierung greift der Staat aber nicht ein.

Ein Paradebeispiel staatlicher Marktinterventionen ist dagegen der Wohnungsmarkt. Hier kommen die unterschiedlichsten wirtschaftspolitischen Instrumente zum Einsatz, und es bietet sich an, die Wirkungsweise der verschiedenen Instrumente am Beispiel dieses Marktes zu analysieren. Begründet wird die Wohnungsmarktpolitik in der Regel damit, daß das am Markt herrschende Mietpreisniveau eine sozialpolitisch unvertretbare Belastung für die Mieter darstellen würde. Die angemessene Versorgung der Bevölkerung mit Wohnraum dürfe deshalb nicht allein dem Markt überlassen werden.

Der Ökonom kann, wie in Abschnitt B II. erläutert, keine Aussage dazu machen, ob das sozialpolitische Ziel einer Entlastung der Mieter gerechtfertigt ist, ob also der Staat überhaupt eine aktive Wohnungsmarktpolitik betreiben sollte oder nicht. Er kann aber, wenn sich der Staat zu einer solchen Politik entschlossen hat, analysieren, welche Art von Instrumenten gewählt werden sollte, um das angestrebte politische Ziel auf effizientem Wege zu erreichen. Das entscheidende Kriterium ist dabei, wie sich die sozialpolitisch gewünschte Erhöhung des Nutzens der Mieter mit einer möglichst geringen Nutzeneinbuße für andere Bevölkerungskreise verwirklichen läßt. Wir wollen versuchen, mit dem bisher entwickelten theoretischen Handwerkszeug die folgenden vier Fragen zu beantworten:

(1) Ist die staatliche Mietpreisbindung vorzuziehen gegenüber der Förderung des privaten Wohnungsbaus?

(2) Ist die Förderung des privaten Wohnungsbaus vorzuziehen gegenüber dem sozialen Wohnungsbau?

(3) Ist der soziale Wohnungsbau vorzuziehen gegenüber der Zahlung von Wohngeld?

(4) Ist die Zahlung von Wohngeld vorzuziehen gegenüber der Zahlung allgemeiner Transfers?

1. Mietpreisbindung vs. Förderung des privaten Wohnungsbaus

Die staatlichen Eingriffe in die Preisbildung am Wohnungsmarkt sind außerordentlich vielfältig und selbst für

Eingeweihte kaum zu überblicken. Sie reichen vom Verbot des Mietwuchers über die Bindung der Höchstmieten an örtliche Mietpreisspiegel bis zur exakten Festlegung des Umfangs, in dem die Kosten für Modernisierungsinvestitionen auf die Miete umgelegt werden dürfen. Auch die zahlreichen Vorschriften des Kündigungsschutzes wirken tendenziell der Anhebung des Mietpreisniveaus entgegen, da die gesetzlichen Möglichkeiten für Mieterhöhungen bei laufenden Mietverträgen geringer sind als bei Neuvermietung. Wir wollen hier jedoch kein Landschaftsgemälde des Wohnungsmarktes entwerfen, sondern eine übersichtliche Landkarte. Die prinzipielle Wirkungsweise all dieser Maßnahmen soll deshalb am Beispiel einer staatlich festgesetzten Höchstmiete analysiert werden. Dabei mögen interessante Details verlorengehen, doch die Grundstrukturen werden dafür hoffentlich um so deutlicher.

Die Auswirkung einer staatlichen Preisbindung war schon im kurzfristigen Modell des Kinomarktes dargestellt worden (s. o. Abschnitt B I. 5.). Falls Schwarzhandel verboten wird, so war dort gezeigt worden, kommt es nicht zu einer pareto-optimalen Verteilung der Eintrittskarten. In einem Markt mit der Möglichkeit für Tauschgeschäfte zwischen den Kartenkäufern dagegen reduzierten sich die Auswirkungen der Preisbindung auf eine Umverteilung des Einkommens von den Kinobesitzern zugunsten der Kartenkäufer.

Diese Ergebnisse sind direkt auf den Wohnungsmarkt übertragbar: Herrscht auf dem Wohnungsmarkt Wettbe-

werb und setzt der Staat eine Höchstmiete fest, die unterhalb des Wettbewerbspreises liegt, ergibt sich genau
wie in Schaubild B/8 ein Ungleichgewicht zwischen Angebot und Nachfrage. Nicht jeder Mieter, der zu dem
staatlich festgesetzten Preis eine Wohnung nachfragt, bekommt auch eine, und bei den Vermietern bilden sich
Schlangen von Wohnungssuchenden.

Auch die oben dargestellten Ergebnisse zum Schwarzhandel lassen sich übertragen: Tauschgeschäfte zwischen
Mietern zeigen sich am Wohnungsmarkt in Form von Untermietverträgen oder von Abstandszahlungen bei der
Wohnungsübergabe an Nachmieter. Zumindest im kurzfristigen Modell ist es also möglich, daß es trotz staatlicher Preisbindung zu einer pareto-optimalen Verteilung
der Wohnungen kommt, wenn Tauschgeschäfte zwischen
Mietern zulässig sind.

Im langfristigen Modell des Wohnungsmarktes kommt allerdings zu diesen Effekten eine Reaktion des Angebots
hinzu. Wird die Miete per gesetzlicher Anordnung von
p_w auf p_s gesenkt, decken die Mieteinnahmen die
Grenzkosten des Wohnungsbaus nur noch bis zu einer
Angebotsmenge von x_s (Schaubild B/14). Das Angebot
geht also zurück, während die Nachfrage auf x_s' Wohnungen steigt. Die Warteschlange der Mieter ist damit
länger als im kurzfristigen Modell, und die Verteilung
der Wohnungen ist, wenn keine Tauschgeschäfte zustan-
dekommen, nicht pareto-optimal.

Schaubild B/14 - Mietpreisbindung

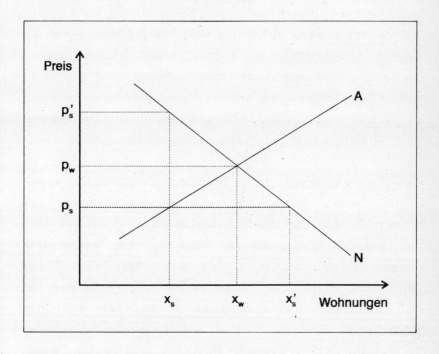

Mit der Möglichkeit von Untermietverträgen werden - genau wie im kurzfristigen Modell - Tauschgeschäfte zwischen Wohnungsinhabern mit einem Reservationspreis unterhalb von p_s' und leer ausgegangenen Nachfragern mit einem Reservationspreis oberhalb von p_s' lohnend. Wenn nicht nur zwischen den Vermietern, sondern auch zwischen den Untervermietern Wettbewerb herrscht, wird für die Untermiete ein Preis von p_s' verlangt. Nachdem alle lohnenden Tauschgeschäfte tatsächlich vollzogen sind, wohnen in den Wohnungen die Mieter mit dem höchsten Reservationspreis, so daß es keine weiteren Möglichkeiten zu einer nutzensteigernden Änderung der Verteilung des vorhandenen Wohnraums mehr gibt.

Trotzdem ist diese Situation nicht pareto-optimal. Denn bei x_s stimmen Grenzkosten und Grenznutzen nicht überein, und von einer Erhöhung der Angebotsmenge auf x_w könnten sowohl Mieter als auch Vermieter Vorteile haben. Im Unterschied zum kurzfristigen Modell sind Schwarzhandel, Untermiete und andere Tauschgeschäfte zwischen den Nachfragern also nicht geeignet, die Ineffizienzen einer staatlichen Preisbindung völlig zu beseitigen.

Der Staat sollte sich daher bemühen, die Miete auf andere Weise auf p_s abzusenken, beispielsweise dadurch, daß er den Vermietern eine Subvention zahlt. Wenn für jede zur Vermietung angebotene Wohnung eine festgesetzte Summe in Höhe von $p_s{'}\text{-}p_s$ als staatlicher Zuschuß gezahlt wird, kann dieser Zuschuß von den Vermietern bei den Baukosten gegengerechnet werden, so daß ihre Grenzkosten genau um den Subventionsbetrag sinken (Schaubild B/15). Deshalb wird die langfristige Angebotskurve A nach unten auf A' verschoben, und es wird ein langfristig stabiles Marktgleichgewicht mit der Menge x_s und dem Preis p_s erreicht.

Pareto-optimal ist allerdings auch diese Situation nicht. Denn die tatsächlichen, von der Gesamtwirtschaft aufzubringenden Grenzkosten liegen bei $p_s{'}$; sie sind ja durch die Subvention nur für die Vermieter künstlich auf p_s abgesenkt worden. Das Pareto-Optimum liegt nach wie vor bei p_w/x_w.

Dennoch kann die in Schaubild B/15 skizzierte Wohnungsmarktpolitik wohl als erfolgreicher als die in

Schaubild B/15 - Förderung des privaten Wohnungsbaus

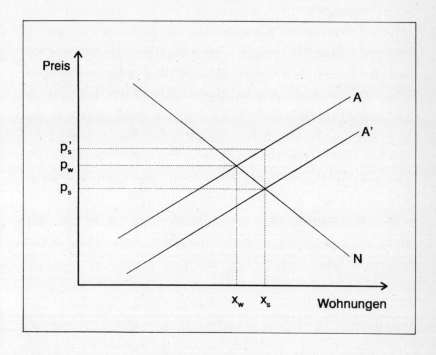

Schaubild B/14 skizzierte Politik angesehen werden. Der Staat hat es zwar in beiden Fällen geschafft, die Miete auf p_s herunterzudrücken, aber bei der Mietpreisbindung wurde der Wohnungsmangel nicht verringert, sondern sogar noch verstärkt. Bei der Subventionierung des privaten Wohnungsbaus dagegen sinkt die Miete auf p_s, ohne daß sich Warteschlangen von Mietern bilden. Dafür müssen allerdings Subventionen gezahlt werden, die letztlich vom Steuerzahler aufzubringen sind. Ob die Nutzensteigerung der Mieter die Verringerung des Nutzens der Steuerzahler rechtfertigt, ist eine Entscheidung über die Einkommensverteilung, die den Politikern nicht von den Ökonomen abgenommen werden kann.

2.   Förderung des privaten Wohnungsbaus vs. sozialer Wohnungsbau

Die Förderung des sozialen Wohnungsbaus ist ähnlich komplex ausgestaltet wie der Mieterschutz oder die Förderung des privaten Wohnungsbaus. Im Kern geht es jedoch bei allen Maßnahmen des sozialen Wohnungsbaus darum, zusätzlich zum privat finanzierten Wohnungsangebot ein vom Staat finanziertes Wohnungsangebot bereitzustellen, das Mietern mit vergleichsweise niedrigem Einkommen zur Verfügung gestellt werden soll. Zur Vereinfachung wollen wir unterstellen, daß die über den sozialen Wohnungsbau geförderten Mietwohnungen vom Staat selbst gebaut und auch vermietet werden.

Die Ausgangssituation ohne Staatseingriff sei durch die Angebotskurve A und die Nachfragekurve N sowie die Angebotsmenge x_o und den Wettbewerbspreis p_o gegeben (Schaubild B/16). Der Staat strebt an, die Zahl der Wohnungen auf x_1 zu erhöhen und damit die Miete auf p_1 zu senken. Dafür muß er die Angebotskurve bis auf A' verschieben.

Fragen wir zunächst einmal, wieviele Wohnungen der Staat bauen muß, damit die Angebotsfunktion A' erreicht wird. Die erste Vermutung, es würde ausreichen, $(x_1 - x_o)$ Wohnungen zu produzieren, ist falsch. Denn aufgrund sinkender Mieten infolge des Angebots von Sozialwohnungen geht das Angebot im privaten Wohnungsbau langfristig zurück, da die Mieteinnahmen pro Wohnung nicht mehr die Grenzkosten bei x_o abdecken. Wenn

Schaubild B/16 - Sozialer Wohnungsbau

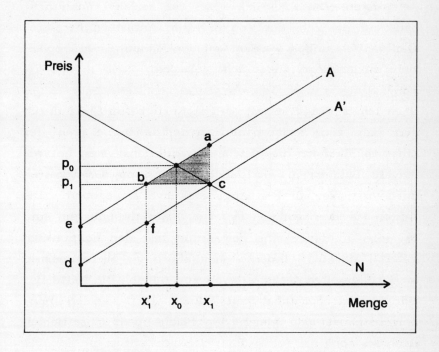

die Miete auf p_1 sinkt, reduziert sich das Angebot an
privat finanzierten Wohnungen auf x_1'. Der Staat muß also, um eine gesamte Angebotsmenge von x_1 zu erreichen, im sozialen Wohnungsbau $(x_1 - x_1')$ Wohnungen
erstellen.

Dies ist ein erstes Ergebnis unserer Analyse, das erhebliche wirtschaftspolitische Konsequenzen hat: Bei der
Konzipierung staatlicher Programme für den sozialen
Wohnungsbau wird in der Praxis meist von der Kalkulation ausgegangen, in welchem Umfang die Zahl der insgesamt verfügbaren Wohnungen erhöht werden soll, und

diese Zahl wird gleichgesetzt mit dem Bedarf an Sozialwohnungen. Die Rückwirkungen des sozialen Wohnungsbaus auf die Zahl der von privaten Anbietern bereitgestellten Wohnungen werden von den Wohnungsmarktpoliti-
kern in der Regel außer acht gelassen.

Die nächste Frage lautet, welche Kosten dem Staat durch
den Bau von Sozialwohnungen entstehen. Sofern der
Staat als Bauherr die gleichen Produktionskosten hat wie
private Bauherren, sind auch für ihn die Grenzkosten
durch den Verlauf der Angebotskurve A gegeben[1]. Die
Kosten für den Bau von $(x_1 - x_1')$ Sozialwohnungen sind
demnach an der Fläche des Trapez mit den Eckpunkten
$x_1'x_1$ab ablesbar. Ihnen stehen allerdings Mieteinnahmen
in Höhe des Rechtecks $x_1'x_1$cb gegenüber. Die Netto-Be-
lastung des Staatshaushalts durch den sozialen Wohnungsbau ist also gleich der Fläche des schraffierten
Dreiecks abc.

Im vorangegangenen Abschnitt war gezeigt worden, daß
sich auch mit einer Subventionierung des privaten Wohnungsbaus eine Ausweitung des Angebots und eine Senkung des Mietpreisniveaus erreichen läßt. Auch auf diese
Weise läßt sich also das langfristige Marktgleichgewicht
zum Punkt c in Schaubild B/16 verschieben. Die Ermittlung des Subventionsbedarfs ist bei der Förderung des

---

[1] Mit Kosten sind hier natürlich die monatlichen Kapitalkosten pro Wohnung (Zinsen plus Abschreibung) ge-
meint, denn ein Vermieter vergleicht bei seiner Kalkulation nicht die zu erwartende Monatsmiete mit den gesamten Baukosten einer Wohnung, sondern mit den monatlichen Belastungen, die ihm aus der Finanzierung
der Baukosten entstehen.

privaten Wohnungsbaus allerdings etwas schwieriger als
beim sozialen Wohnungsbau, da unterschiedliche Annahmen über die Möglichkeiten des Staates, zwischen verschiedenen Wohnungseigentümern zu diskriminieren, getroffen werden können:

- Falls der Staat keine Diskriminierungsmöglichkeiten
  hat, d. h. falls er an alle Wohnungseigentümer die gleiche Subvention in Höhe der Strecke ac zahlen muß,
  entspricht die Höhe der Subventionen insgesamt der
  Fläche des Parallelogramms caed.

- Falls der Staat die Besitzer alter Wohnungen von der
  Förderung ausschließen kann und nur die Neubautätig-
  keit fördert, reduziert sich der Subventionsbedarf auf
  die Fläche cabf.

- Falls der Staat schließlich die Förderung für jeden potentiellen Investor individuell so festsetzen kann, daß
  dessen Grenzkosten auf p_1 abgesenkt werden, muß er
  zwar - genau wie in den beiden anderen Fällen - an
  den Investor bei x_1 eine Subvention von ac zahlen,
  aber dem Investor bei x_1' braucht er nichts mehr zu
  zahlen. Die insgesamt nötigen Subventionen sind an
  dem Dreieck abc ablesbar.

Das wohnungsmarktpolitische Ziel - die Erhöhung des
Angebotes auf x_1 und die Senkung des Preises auf p_1 -
läßt sich somit über eine Förderung des privaten Wohnungsbaus nur dann so günstig erreichen wie über den
sozialen Wohnungsbau, wenn die Subventionen für priva-

te Bauherren individuell nach deren Bedarf festgesetzt werden können.

Da die Ermittlung der individuellen Grenzkosten der potentiellen Bauherren kaum lösbare Informationsprobleme mit sich bringt, dominiert in der Praxis bei der Förderung des privaten Wohnungsbaus die nicht differenzierte Neubauförderung. Die Höhe der Subvention wird also nicht davon abhängig gemacht, wie hoch die Differenz zwischen den Grenzkosten des einzelnen Investors und den zu erwartenden Mieteinnahmen ist. Unser Modell zeigt, daß dem Staat bei dieser Art der Förderung höhere Kosten entstehen als bei einer Ausweitung des sozialen Wohnungsbaus. In der Sprache der Ökonomen: Sozialer Wohnungsbau ist unter dem Aspekt der Minimierung des Einsatzes öffentlicher Gelder vorzuziehen gegenüber der Neubauförderung für private Investoren.

Allerdings läßt sich weder mit dem sozialen Wohnungsbau noch mit der Subventionierung des privaten Wohnungsbaus ein Pareto-Optimum erreichen, denn die durch A gegebenen Grenzkosten liegen bei x_1 in beiden Fällen über dem durch N gegebenen Grenznutzen. Diese Verletzung des Optimalitäts-Kriteriums muß jedoch in Kauf genommen werden, wenn mit einem dieser beiden Instrumente eine aktive Wohnungsmarktpolitik betrieben werden soll. Die vergleichende Bewertung dieser beiden wohnungsmarktpolitischen Instrumente wird aus ökonomischer Sicht danach vorgenommen, wie das politisch vorgegebene Ziel mit einem möglichst geringen Einsatz öffentlicher Gelder erreicht werden kann.

Auch dieses Entscheidungskriterium orientiert sich letztlich am Prinzip der individuellen Nutzenmaximierung: Für
die Mieter ist es gleich, ob der Anstieg der Menge an
Wohnungen auf x_1 und die Senkung der Miete auf p_1
durch eine Subventionierung des privaten Wohnungsbaus
oder durch sozialen Wohnungsbau erreicht wird. Doch
wenn die Belastung des Staatshaushalts bei den beiden
Instrumenten unterschiedlich groß ist, ergeben sich jeweils unterschiedliche Belastungen der Steuerzahler und
damit unterschiedlich hohe Nutzeneinbußen bei ihnen.
Das Prinzip der individuellen Nutzenmaximierung legt somit nach unserem Modell eine Bevorzugung des sozialen
Wohnungsbaus gegenüber der Förderung des privaten
Wohnungsbaus nahe.

Vor einer vorschnellen Übertragung dieses Ergebnisses
auf die wirtschaftspolitische Praxis sei jedoch gewarnt.
Unser Modell enthält eine Annahme, die für die hier abgeleiteten Aussagen von ganz entscheidender Bedeutung
ist, und zwar die Annahme, daß im sozialen Wohnungsbau
die gleichen Kosten auftreten wie im privat finanzierten
Wohnungsbau. Kritiker des sozialen Wohnungsbaus vertreten dagegen die Ansicht, daß bei dieser Art der Wohnungsmarktpolitik vielfältige bürokratische Ineffizienzen
auftreten, die zu wesentlich höheren Kosten pro gebau-
ter Wohneinheit führen als bei privat finanzierter Bautä-
tigkeit.

Wenn dieses Argument zutrifft, müßte in Schaubild B/16
eine zusätzliche Angebotsfunktion eingetragen werden,
die höher als A liegt und an der die Grenzkosten im so-

zialen Wohnungsbau abgelesen werden können. Wenn der
Abstand zwischen dieser Kurve und A hinreichend groß
ist, kann sich in einem derart modifizierten Modell
durchaus ein Kostennachteil des sozialen Wohnungsbaus
im Vergleich zur Förderung des privaten Wohnungsbaus
ergeben. Dann wäre natürlich unter dem Gesichtspunkt
der Minimierung der Nutzeneinbuße bei den Steuerzahlern
die Förderung des privaten Wohnungsbaus vorteilhafter
als der soziale Wohnungsbau.

3. Sozialer Wohnungsbau vs. Wohngeld

Beide im vorangegangenen Abschnitt diskutierten Instrumente setzten bei der Angebotsseite des Wohnungsmarktes an. Es ist jedoch auch möglich, in die Nachfrageseite
des Wohnungsmarktes einzugreifen, und zwar durch die
Zahlung von Wohngeld. Wird jedem Mieter ein fester Betrag als Zuschuß zu seinen Mietkosten gewährt, verschiebt sich die Nachfragekurve nach oben von N auf N'
(Schaubild B/17). Dadurch steigen die Mieten, und für
private Investoren wird die Schaffung zusätzlichen Wohnraums rentabel. Bei richtiger Bemessung des Wohngeldes
läßt sich die Nachfragekurve gerade so weit verschieben,
daß bei der gleichen Angebotsmenge wie zuvor in Schaubild B/16, nämlich bei x_1, ein neues langfristiges Marktgleichgewicht erreicht wird.

Auch hier stellt sich natürlich die Frage nach der relativen Vorteilhaftigkeit in bezug auf die Höhe der nötigen
Staatsgelder. Erhalten alle Mieter den gleichen Betrag ac

Schaubild B/17 - Wohngeld

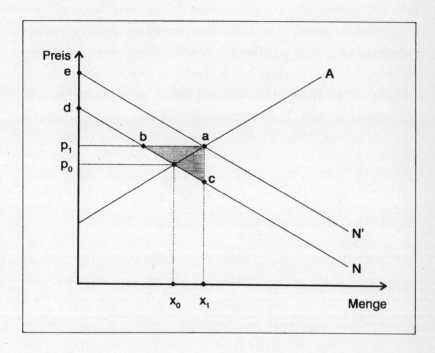

an Wohngeld, entspricht der Subventionsbedarf der Fläche caed. Diese Fläche in Schaubild B/17 ist genauso groß wie die Fläche caed in Schaubild B/16, d. h. Wohngeld für alle Mieter kommt den Staat genauso teuer zu stehen wie eine Subventionierung aller privaten Vermieter. In der Praxis hat jedoch nicht jeder Mieter Anspruch auf Wohngeld, sondern die zuständigen Gemeindeämter differenzieren die Höhe des Zuschusses nach dem individuellen Einkommen und dem individuellen Bedarf an Wohnraum.

Um diese individuelle Differenzierung in unserem Modell erfassen zu können, wollen wir idealisierend unterstellen, daß es den Wohnungsämtern gelingt, für jeden Mieter mit einem Reservationspreis unterhalb von p_1 ein Wohngeld in Höhe der Differenz zwischen seinem Reservationspreis und p_1 festzusetzen. Wenn die Höhe des Wohngeldes auf maximal ac festgesetzt wird, läßt sich ein langfristiges Marktgleichgewicht in Punkt a erreichen, bei dem für alle Wohnungen eine Miete von p_1 gezahlt wird und bei dem die Mieter mit einem niedrigeren Reservationspreis ein individuell bemessenes Wohngeld erhalten. Die Höhe des insgesamt ausgezahlten Wohngeldes ist an der Fläche des Dreiecks abc ablesbar.

Die beiden Dreiecke in Schaubild B/16 und Schaubild B/17 haben eins gemeinsam, und zwar die Seitenlänge ac. Welches von ihnen den größeren Flächeninhalt hat, hängt davon ab, ob die Seite bc in Schaubild B/16 länger oder kürzer ist als die Seite ba in Schaubild B/17. Dies wiederum hängt davon ab, wie flach oder steil die Angebotskurve und die Nachfragekurve sind.

- Verläuft N flacher als A, dann ist das Dreieck abc in Schaubild B/16 kleiner als das entsprechende Dreieck in Schaubild B/17. Unter dieser Bedingung verursacht sozialer Wohnungsbau also weniger Kosten für den Saat als Wohngeld, er ist also in bezug auf die Staatsausgaben das überlegene Instrument.

- Verläuft dagegen N steiler als A, kehrt sich die Relation zwischen den Flächeninhalten der Dreiecke um. Nun ist der Subventionsbedarf beim Wohngeld geringer als beim sozialen Wohnungsbau.

Ohne genaue Kenntnis der Steigungen von Angebots-
und Nachfragekurve läßt sich also nicht beurteilen, welches der beiden wohnungsmarktpolitischen Instrumente
vorteilhafter ist.

Eine generalisierende Schlußfolgerung läßt sich aber dennoch ziehen: In Abschnitt B III. war dargelegt worden,
daß Angebotskurven in aller Regel um so flacher verlaufen, je länger der Betrachtungszeitraum ist. Da die Angebotsfunktion am Wohnungsmarkt kurzfristig vermutlich
recht steil verläuft, kann gefolgert werden, daß Wohngeld weniger wirksam als sozialer Wohnungsbau ist, wenn
das Angebot an Wohnraum möglichst rasch erhöht werden
soll. Langfristig wird der Staat für die gewünschte Ausweitung des Wohnungsangebots jedoch vermutlich weniger
an Wohngeld zahlen müssen als alternativ dazu an Subventionen für den sozialen Wohnungsbau.

4.   Wohngeld vs. allgemeine Transfers

Als letzte Variante soll geprüft werden, ob es nicht sinn-
voller wäre, daß der Staat den Personen, die er unterstützen will, die Fördermittel in bar und ohne jegliche
Zweckbindung auszahlt, anstatt den Umweg über zweck-
gebundenes Wohngeld oder eine Subventionierung des
Wohnungsbaus zu gehen. Solche *allgemeinen Transfers*[1]

---

[1] Zur Begriffsabgrenzung zwischen Subventionen und
Transfers sowie zum Umfang und zur Struktur der in
der Bundesrepublik gezahlten Subventionen vgl.
Fritsche et al. (1988).

können von den Begünstigten auch für andere Zwecke
als für Wohnen ausgegeben werden. Um die Effekte aufzeigen zu können, die beim Übergang vom Wohngeld-
system zu einem System allgemeiner Transfers auftreten,
darf sich die Analyse somit nicht mehr wie bisher auf
den Wohnungsmarkt beschränken, sondern muß auch die
Märkte für andere Güter mit einbeziehen.

Nun ist es zwar möglich, für verschiedene Güter jeweils
eigene Angebot-Nachfrage-Diagramme zu zeichnen und
die Auswirkungen von Nachfrageverschiebungen infolge
staatlicher Transferzahlungen für jeden einzelnen Markt
getrennt zu analysieren. Mit dem bisher entwickelten Instrumentarium (Angebots- und Nachfragekurve, Marktgleichgewicht, individuelle Nutzenmaximierung) läßt sich
jedoch nicht erfassen, für welche Güter die Begünstigten
die allgemeinen Transfers ausgeben werden, d. h. auf
welchen Märkten sich die Nachfrage stark und auf welchen sie sich weniger stark verändern wird.

Die Frage, ob allgemeine Transfers vorteilhafter sind als
Wohngeld, muß in diesem Kapitel also offenbleiben. Erst
im nächsten Kapitel, in dem ein Zwei-Güter-Modell eingeführt wird, kann sie beantwortet werden. Dabei sei
schon jetzt erwähnt, daß es nicht notwendig sein wird,
in späteren Kapiteln über Zwei-Güter-Modelle hinauszu-
gehen. Die Unterscheidung von zwei Gütern reicht für
diese Einführung vollständig und für die gesamte ökonomische Theorie fast vollständig aus.

Zum Abschluß noch eine kleine Denksportaufgabe: Wie könnte es zu erklären sein, daß die Vermieterverbände in der Bundesrepublik vor allem die Förderung des privaten Wohnungsbaus und die Gewährung von Wohngeld befürworten, während sich die Mieterverbände eher für Mietpreisbindung und sozialen Wohnungsbau einsetzen? Sie sollten sich, wenn Sie diese Frage lösen wollen, die Schaubilder B/14 bis B/17 daraufhin anschauen, wie die verschiedenen Maßnahmen den Gewinn privater Wohnungsvermieter bzw. den Nutzen der Mieter beeinflussen. Außerdem sollten Sie berücksichtigen, daß Interessenverbände oftmals vorrangig diejenigen Personen schützen, die im System etabliert sind, während Außenstehende nur selten eine Lobby haben.

Kapitel C
Wie hängen die Märkte einer Volkswirtschaft zusammen?

I. Konsumstruktur: Budgetgerade und Indifferenzkurven

1. Budgetgerade

Stellen Sie sich vor, sie hätten pro Monat 100 DM dafür zur Verfügung, ins Kino zu gehen und ins Restaurant zum Essen zu gehen. Für alles andere sei gesorgt, d. h. Sie erhalten die übrigen Dinge Ihres Lebensbedarfs (Wohnung, Kleidung, Mensa-Marken, Lehrbücher) als Naturalien zugeteilt. Sie können Ihr Geld also nur für Kino und Essen ausgeben, für alle anderen Dinge gibt es keinen Markt.

Wenn Sie nun vor der Entscheidung stehen, eine Kinokarte zu kaufen oder ins Restaurant zu gehen, müssen Sie in Erwägung ziehen, daß jede Mark nur einmal ausgegeben werden kann, daß Sie sich als häufiger Kinogänger nur wenige Restaurantbesuche und als häufiger Restaurantbesucher nur wenige Kinokarten leisten können. Wir wollen zunächst einmal prüfen, wieviele Filmvorführungen und wieviel Restaurantbesuche Sie sich mit Ihrem Einkommen von 100 DM leisten können. Dieses fest vorgegebene Einkommen nennen wir im folgenden Ihr *Budget*.

Nehmen wir an, eine Kinokarte koste 10 DM, und der Preis für ein Essen im Restaurant betrage ebenfalls 10 DM. Wenn Sie auf Restaurantbesuche vollständig verzichten, könne Sie sich also zehn Kinobesuche pro Monat leisten; wenn Sie keine Filme sehen, können Sie 10 Restaurantessen pro Monat einnehmen. Sie können natürlich auch sechs Kinokarten kaufen und viermal ins Restaurant gehen oder neun Karten kaufen und einmal ins Restaurant gehen.

Um all diese verschiedenen Varianten darzustellen, zeichnen wir ein Diagramm, an dessen beiden Achsen die

Schaubild C/1 - Budgetgerade

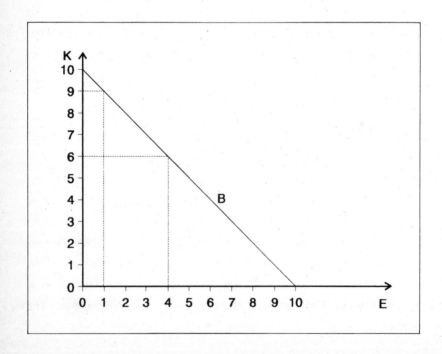

Mengen der jeweiligen Güter (Kinokarten K und Restaurantessen E) abgetragen werden (Schaubild C/1). Jeder Punkt auf der Geraden B bezeichnet nun eine der Kombinationsmöglichkeiten zwischen Kino und Essen, die Sie haben. Diese Gerade ist Ihre *Budgetgerade*, die, allgemein gesprochen, Ihre unterschiedlichen Konsummöglichkeiten bei einer vorgegebenen Höhe der Gesamtausgaben beschreibt.

Was geschieht mit der Budgetgeraden, wenn sich der Preis für Restaurantessen auf 20 DM verdoppelt, aber Ihr Budget unverändert 100 DM beträgt? Nun können Sie sich bei völligem Verzicht auf Restaurantbesuche zwar immer noch zehn Kinokarten leisten, doch wenn Sie Ihr ganzes Geld im Restaurant ausgeben, können Sie nur noch fünf Essen bezahlen. Und wenn Sie vier Restaurantbesuche machen, können Sie nicht mehr sechs Kinokarten kaufen, sondern nur noch zwei. Ihre Budgetgerade hat sich auf B' nach innen gedreht (Schaubild C/2).

Durch die Verteuerung der Essen ist die Budgetgerade steiler geworden. Würden dagegen Restaurantbesuche nach wie vor 10 DM kosten und wäre stattdessen der Preis für Kinobesuche auf 20 DM gestiegen, hätte sich die Budgetgerade von B nach B" gedreht, sie wäre also flacher geworden. Die Steigung der Budgetgeraden sagt uns also etwas darüber aus, in welcher Relation die Preise der beiden Güter zueinander stehen. Dieser Zusammenhang läßt sich auch algebraisch darstellen. Die Ausgaben für zwei Güter x_1 und x_2 mit den Preisen p_1

*Schaubild C/2 - Drehung und Verschiebung der Budget-
geraden bei Preisänderungen*

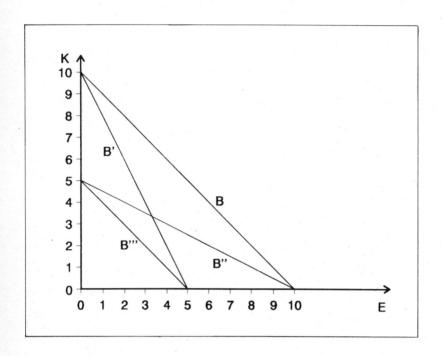

und p_2 entsprechen zusammen der Höhe des Budgets B:

$$B = p_1 x_1 + p_2 x_2.$$

Diese Gleichung läßt sich umformen zu:

$$x_1 = B/p_1 - (p_2/p_1)x_2.$$

In einem Diagramm mit den Achsen x_1 und x_2 ist
$(-p_2/p_1)$ die Steigung der Budgetgeraden.

Steigt schließlich der Preis sowohl für Essen als auch
für Kinokarten auf 20 DM, verschiebt sich Ihre Budgetgerade nach B'''. Zwar sind bei B''' beide Güter teurer
als bei B, aber die Relation zwischen den beiden Preisen
ist gleichgeblieben. Daß die Steigung der Budgetgerade

nicht die absoluten Preise, sondern die Preisrelation angibt, läßt daran erkennen, daß B und B''' parallel verlaufen.

Aus diesem Grund wird die Budgetgerade auch als *Preisgerade* bezeichnet. Wird das eine Gut im Verhältnis zu
dem zweiten teurer oder billiger, dreht sich die Gerade;
werden beide Güter im gleichen Maße teurer oder billiger, kommt es zu einer Verschiebung der Geraden, ohne
daß sich die Steigung ändert.

Mit der Budgetgeraden haben wir Ihre Konsummöglichkeiten bei gegebenen Einkommen erfaßt. Wir wissen allerdings noch nicht, wofür Sie Ihr Geld tatsächlich ausgeben werden. Dafür müssen wir außer Ihren Konsummöglichkeiten auch noch Ihre Konsumwünsche ergründen.
Dies werden wir im nächsten Abschnitt mit Hilfe von Indifferenzkurven tun.

2. Indifferenzkurven

Es dürfte unwahrscheinlich sein, daß Sie Ihre gesamten
100 DM für Restaurantessen ausgeben und dafür nie ins
Kino gehen. Wenig wahrscheinlich ist es auch, daß Sie
völlig auf Restaurantbesuche verzichten und Ihr Geld
vollständig für Kinokarten ausgeben. Wenn Sie die Wahl
haben, werden Sie vermutlich Ihr Budget auf beide Ver-
wendungsarten aufteilen.

Wir waren bereits oben zu dem Ergebnis gekommen, daß
der Wert, den Sie einer zusätzlichen Einheit eines kon-

sumierten Gutes beimessen (d. h. der Grenznutzen), um
so geringer sein dürfte, je mehr Sie von dem betreffenden Gut bereits konsumiert haben (Abschnitt B III).
Zehn Restaurantbesuche pro Monat und keine Kinokarte
werden Sie wahrscheinlich weniger schätzen als fünf Re-
staurant- und fünf Kinobesuche. Wenn Sie auf Kinobesuche vollständig verzichten sollen, müßten Ihnen als Ersatz dafür vermutlich mehr als zehn Restaurantbesuche
ermöglicht werden, damit diese Situation für Sie gleichermaßen attraktiv ist wie eine Situation mit fünf
Restaurant- und fünf Kinobesuchen.

Werden die verschiedenen Kombinationsmöglichkeiten des
Konsums, die Sie als gleichwertig ansehen, in ein Diagramm eingetragen, erhalten wir eine *Indifferenzkurve*.
Der Name besagt, daß Sie zwischen den verschiedenen
Kombinationen des Konsums zweier Güter, die von den
einzelnen Punkten dieser Kurve angegeben werden, indifferent sind; es ist Ihnen egal, auf welchem Punkt der
Kurve I Sie sich befinden (Schaubild C/3). Anders ausgedrückt: Alle Konsumkombinationen auf der Indifferenzkurve bringen für Sie den gleichen Nutzen.

Eine solche Indifferenzkurve wird in der Regel gekrümmt
sein, und zwar so, daß sie von unten links gesehen
konvex ist. Diese Krümmung zeigt an, daß Sie bei einer
Reduzierung des Konsums eines Gutes um jeweils eine
Einheit immer mehr zusätzliche Einheiten des anderen
Gutes benötigen, um die Güterkombinationen als gleich-
wertig zu betrachten. Alle Konsumpunkte unterhalb von
I haben für Sie einen geringeren Nutzen als die Punkte

Schaubild C/3 - Indifferenzkurven

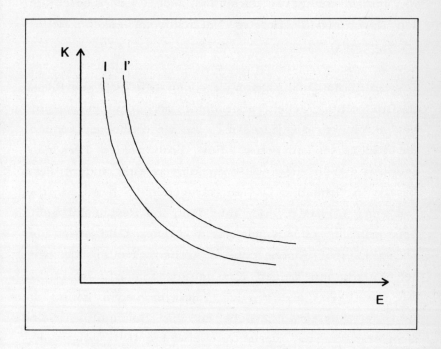

auf I, und alle Punkte oberhalb von I haben einen höheren Nutzen.

Solange sich bei Ihnen keine Sättigungserscheinungen zeigen, wird Ihr Nutzen steigen, wenn Sie von einem Gut mehr als zuvor konsumieren können, ohne dafür beim Konsum des anderen Gutes zurückstecken zu müssen. Sie kommen dadurch auf eine höhere Indifferenzkurve (I'). Auch diese Kurve gibt wieder unterschiedliche Konsumkombinationen mit jeweils gleichen Nutzen an, aber jeder Punkt auf dieser Kurve wird von Ihnen höher geschätzt als jeder Punkt auf I. So lassen sich die Konsumwünsche eines Individuums graphisch als eine Schar von Indifferenzkurven darstellen, wobei jede dieser Kurven durch ein bestimmtes Nutzenniveau gekennzeichnet ist.

Es gibt natürlich durchaus Personen, die sich aus Filmen absolut nichts machen, aber dafür gerne gut essen, und wieder andere, die jede Mark, die sie erübrigen können, für Kinokarten ausgeben. Für diese beiden Personengruppen haben die Indifferenzkurven eine andere Form als die in Schaubild C/3 eingetragenen. Nehmen wir den Fall eines Cineasten, der nur dann ins Restaurant geht, falls man ihn einlädt, der sein eigenes Geld aber ausschließlich für Kinobesuche ausgeben möchte. Wie hoch der Nutzen aus seinen Konsumausgaben ist, hängt für ihn nur davon ab, wieviele Filme er sehen kann; die Zahl der Restaurantbesuche ist ihm gleichgültig. Seine Indifferenzkurven verlaufen offenkundig waagerecht, denn jede Verringerung der Zahl der verfügbaren Kinokarten würde seinen Nutzen reduzieren, unabhängig davon, wie oft er als Ersatz für die aufgegebene Kinokarte ins Restaurant gehen kann (Schaubild C/4).

Wie die Indifferenzkurven genau verlaufen, mag also von Person zu Person unterschiedlich sein; sicher ist jedoch, daß sich die jeweils für eine bestimmte Person gültigen Indifferenzkurven nicht schneiden können. Würden sich I und I' in Schaubild C/3 oder C/4 schneiden, würde die Indifferenzkurve I', die ein höheres Nutzenniveau als I repräsentiert, auf der einen Seite des Schnittpunkts unterhalb von I verlaufen. Dies ist aber nicht möglich, da

Schaubild C/4 - Indifferenzkurven eines Cineasten

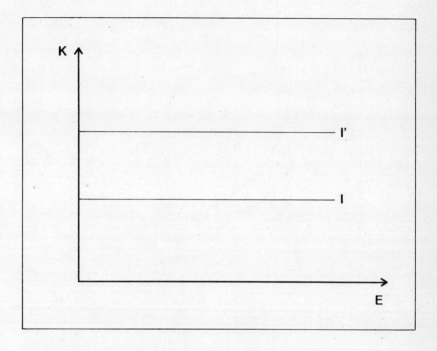

alle Punkte unterhalb von I einen niedrigeren Nutzen haben als die Punkte auf I.

Welche Kombination von Kino- und Restaurantbesuchen
gewählt wird, hängt insgesamt gesehen ab von der Form
der Indifferenzkurven, der Höhe des Budgets und den
Preisen für die beiden Güter. Um das tatsächliche Kon-
sumverhalten aufzeigen zu können, müssen also Budgetgerade und Indifferenzkurven zusammengefügt werden
(Schaubild C/5). Ein Konsument, der sich nutzenmaxi-
mierend verhält, wird versuchen, mit dem verfügbaren
Budget auf eine möglichst hohe Indifferenzkurve zu
kommen.

Schaubild C/5 – Nutzenmaximierung bei vorgegebenem
             Budget

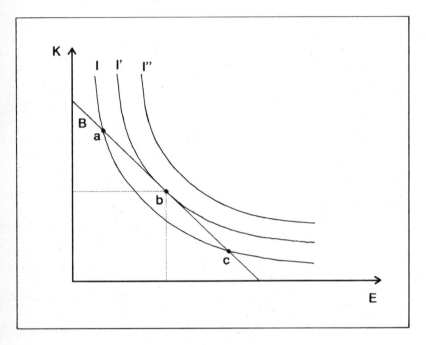

Die Indifferenzkurve I" beispielsweise kommt bei
einer Budgetgerade von B nicht in Betracht; ein derart
hohes Nutzenniveau ist mit den verfügbaren Mitteln nicht
erreichbar. Aber der Konsument wird sich auch nicht mit
dem durch I repräsentierten Nutzenniveau zufriedengeben. Mit den vorhandenen Budget könnte er zwar den
Konsumpunkt a oder c erreichen, aber sein Nutzen
steigt, wenn er zum Punkt b geht, da I' ein höheres
Nutzenniveau repräsentiert als I. Der mit einem gegebenen Budget erreichbare Nutzen wird maximiert in dem
Punkt, in dem die Budgetgerade eine Indifferenzkurve
tangiert; das ist der Punkt b. Alle anderen Punkte der

Budgetgeraden liegen unterhalb von I' (bringen also einen geringeren Nutzen), und alle Punkte mit einem höheren Nutzen als in b sind mit dem durch B gegebenen Budget nicht realisierbar.

Die Budgetgerade repräsentiert - wie gesagt - die Konsummöglichkeiten eines Individuums, die Indifferenzkurven repräsentieren seine Konsumwünsche. Möglichkeiten und Wünsche stehen nur dort miteinander in Einklang, wo sich Budgetgerade und Indifferenzkurve tangieren. Konsumpunkte wie a und c in Schaubild C/5 könnten nur mit Zwang von außen durchgesetzt werden. Ein nutzenmaximierendes Individuum, das frei über sein Budget verfügen kann, wird stets den Punkt b wählen.

3. Nochmals: Wohngeld vs. allgemeine Transfers

Nach diesem Ausflug in die Welt der Lichtspieltheater und Gourmet-Tempel können wir uns - mit zusätzlichem Handwerkszeug versehen - erneut der Frage zuwenden, ob die Zahlung von Wohngeld oder die Zahlung allgemeiner Transfers in gleicher Höhe als ökonomisch sinnvolleres Instrument der Sozialpolitik anzusehen ist. Dafür greifen wir auf Schaubild C/5 zurück, ändern aber die Achsenbezeichnungen. An der vertikalen Achse messen wir nun die Größe der von einem Haushalt nachgefragten Wohnung (W), an der horizontalen Achse die Menge aller anderen nachgefragten Güter (A). Diese anderen Güter stellen wir uns als Güterbündel vor, in dem alles enthalten ist, was von dem betreffenden Haushalt außer einer Wohnung sonst noch nachgefragt wird. Dadurch können

Schaubild C/6 - Nutzenniveau bei zweckgebundenen und allgemeinen Transfers

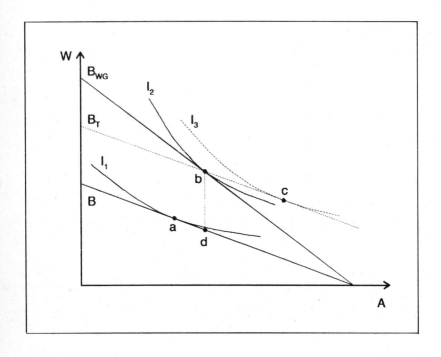

wir die Konsumentscheidung zwischen Wohnen und allen anderen Gütern in einem Zwei-Güter-Modell erfassen.

Unser Wohngeldempfänger hat in der Ausgangssituation, in der er keine staatliche Unterstützung erhält, eine Budgetgerade von B (Schaubild C/6). Als Konsumpunkt wählt er a, da in diesem Punkt eine Indifferenzkurve seine Budgetgerade tangiert. Wenn wir annehmen, daß das Wohngeld als fester Prozentsatz der zu zahlenden Miete gewährt wird, ist das Wohngeld für den Empfänger gleichbedeutend mit einer Verbilligung der Miete um

genau diesen Prozentsatz. Die Budgetgerade des Wohn-
geldempfängers dreht sich daher von B nach B_{WG}. Als
neuer Konsumpunkt wird b gewählt, da B_{WG} in diesem
Punkt von der Indifferenzkurve I_2 tangiert wird. I_2 repräsentiert ein höheres Nutzenniveau als I_1; dem Wohngeldempfänger geht es also besser als vorher.

Für den Staat ist es zunächst ungewiß, welcher Betrag
an Wohngeld gezahlt werden muß. Da das Wohngeld annahmegemäß als fester Prozentsatz der Gesamtmiete fest-
gelegt wird, muß um so mehr an Wohngeld gezahlt werden, je teurer die vom Wohngeldempfänger gemietete
Wohnung ist. Erst nachdem der Wohngeldberechtigte sich
für einen bestimmten Konsumpunkt entschieden hat, liegt
die Höhe des zu zahlenden Wohngeldes fest. Der Betrag
an Wohngeld, der bei einem Konsumpunkt b zu zahlen
ist, entspricht der Länge der Strecke bd.

Würde ein entsprechend großer Geldbetrag in bar ohne
jede Zweckbindung an den Empfänger ausgezahlt, würde
sich dessen Budgetgerade nach B_T verschieben. In jedem Punkt auf B_T ist die staatliche Unterstützungszah-
lung genauso hoch wie in Punkt b auf der Geraden B_{WG}.
Bei einem allgemeinen Transfer könnte der Empfänger
den Konsumpunkt c realisieren, bei dem sein Nutzenniveau höher ist als bei b, da I_3 oberhalb von I_2 liegt.
Der Empfänger steht sich also besser, wenn die Zuwen-
dung des Staates an ihn nicht zweckgebunden ist. Für
den Steuerzahler dagegen, der die Transferzahlungen
finanzieren muß, ist es gleich, ob der Empfänger den
Transfer zweckgebunden als Wohngeld oder nicht zweck-

gebunden zur freien Verfügung erhält. Der Übergang von b zu c - der Übergang von Wohngeld zu allgemeinen Transfers - ist daher wohlfahrtssteigernd, denn er verschafft dem Empfänger einen höheren Nutzen, ohne den Staat bzw. die Steuerzahler zusätzlich zu belasten.

Der Nutzengewinn, der aus dem Übergang von I_2 nach I_3 erzielt wird, rührt letztlich daher, daß dem Transferempfänger größere Wahlmöglichkeiten eröffnet werden. Ein bestimmter Geldbetrag ist für den Empfänger wertvoller, wenn er über dessen Verwendung frei entscheiden kann, als wenn er vom Zuwendungsgeber vorgeschrieben bekommt, wofür er das Geld auszugeben hat (dabei ist unterstellt, daß der Betroffene selbst am besten weiß, was gut für ihn ist, d. h. welche Verwendungsart des Geldes den höchsten Nutzen für ihn hat). Unter der Maxime der individuellen Nutzenmaximierung wirkt eine Erhöhung der individuellen Entscheidungsfreiheit stets effizienzsteigernd.

Der Punkt a, der ohne Staatsförderung als Konsumpunkt gewählt wird, stellt wie jedes andere Marktgleichgewicht bei Wettbewerb, ein Pareto-Optimum dar. Auch in Punkt c, dem Konsumpunkt, der bei Zahlung nicht zweckgebundener Transfers gewählt wird, ist ein Pareto-Optimum realisiert, wenn auch mit einer anderen Einkommensverteilung. Damit erweisen sich allgemeine Transfers als das beste, sprich als das einzig effiziente Instrument der Sozialpolitik, denn mit keinem anderen der oben diskutierten Instrumente läßt sich ein Pareto-Optimum erreichen.

II. Effiziente Besteuerung im Zwei-Güter-Modell

Die im Rahmen des Zwei-Güter-Modells entwickelten Analyseinstrumente lassen sich auch auf die Steuerpolitik anwenden. Genau wie im Ein-Gut-Modell geprüft wurde, welche Art von Staatsausgaben in der Wohnungsmarktpolitik ökonomisch am sinnvollsten wäre (Abschnitt B IV), kann im Zwei-Güter-Modell geprüft werden, welche Art von Steuer unter dem Gesichtspunkt der individuellen Nutzenmaximierung am sinnvollsten wäre. Ausschlaggebend für diesen Vergleich ist, wie hoch die Nutzeneinbuße sein wird, die der Steuerzahler bei der Zahlung eines bestimmten Steuerbetrags hinnehmen muß.

Zunächst ist aber zu klären, welche Arten von Steuern überhaupt verglichen werden sollen. In der Realität gibt es eine Vielfalt der unterschiedlichsten Steuern, doch für unsere Zwecke genügen die folgenden Kategorien:

- Als übergeordnete Kategorien können indirekte und direkte Steuern unterschieden werden. *Indirekte Steuern*, auch als Verbrauchssteuern bezeichnet, werden beim Verkauf von Gütern erhoben. Steuerpflichtig sind hier in der Regel die Unternehmen, die das betreffende Gut verkaufen, doch die Steuerlast wird letztlich vom Käufer getragen. *Direkte Steuern* werden unmittelbar bei denjenigen Personen erhoben, die auch die Steuerlast zu tragen haben.

- Innerhalb der Kategorie der indirekten Steuern lassen sich spezielle und allgemeine Verbrauchssteuern unterscheiden. *Spezielle Verbrauchssteuern* werden beim Verkauf bestimmter Güter erhoben. Beispiele dafür sind die Mineralölsteuer, die als fester Betrag pro verkauftem Liter Benzin gezahlt wird, oder die Tabaksteuer, die einen festen Prozentsatz des Verkaufspreises von Tabakwaren ausmacht. *Allgemeine Verbrauchssteuern* sind Steuern, die beim Verkauf aller Arten von Gütern erhoben werden. Für die Bundesrepublik ist das einzige Beispiel die Mehrwertsteuer, die auf alle (genauer gesagt: fast alle) Güter in gleicher Höhe erhoben wird.

- Bei den direkten Steuern wird entweder das Einkommen oder das Vermögen besteuert. Zu den *Einkommensteuern* zählt nicht nur die im persönlichen Einkommensteuerbescheid festgesetzte Steuer, sondern auch die Lohnsteuer, die bei der Lohnzahlung vom Arbeitgeber einbehalten und direkt an das Finanzamt abgeführt wird, sowie die Körperschaftssteuer, die auf den Gewinn von Unternehmen erhoben wird. Auf die Vermögensteuern wird im folgenden nicht näher eingegangen, da ihre ökonomischen Auswirkungen im Rahmen unserer Analyse recht ähnlich zu denen der Einkommensteuer sind.

- Zumindest in der Theorie kommt einer dritten Art von direkten Steuern eine große Bedeutung zu, und zwar der *Kopfsteuer*. Diese Steuer wird unabhängig von der Höhe des Einkommens von jeder Person in gleicher Höhe erhoben. Im Steuersystem der Bundesrepublik gibt es eine solche Steuer nicht; in Großbritannien dagegen sind die Gemeindesteuern eine Zeitlang als Kopfsteuern erhoben worden (poll tax).

Für die nachfolgenden Wohlfahrtsvergleiche wird unterschieden zwischen einer speziellen Verbrauchssteuer, einer allgemeinen Verbrauchssteuer, einer Einkommensteuer und einer Kopfsteuer.

1. Spezielle vs. allgemeine Verbrauchssteuer

Nehmen wir an, der Staat will zur Finanzierung seiner Ausgaben ein bestimmtes Steueraufkommen erreichen, und er steht vor der Alternative, entweder eine *Mineralölsteuer* zu erheben oder eine allgemeine *Mehrwertsteuer*. Wenn der Konsument keine Steuer zahlen müßte, würde für ihn die Budgetgerade B gelten, und er würde seine Ausgaben so auf Mineralöl (M) und andere Güter (A) aufteilen, daß er den Konsumpunkt a erreicht (Schaubild C/7).

Eine Mineralölsteuer, die als fester Steuerbetrag pro Liter erhoben wird, führt zu einer Verteuerung von Mineralöl und dreht die Budgetgerade nach B_{MS}. Der Konsument strebt als neuen Konsumpunkt b an; die Steuereinnahmen entsprechen der Strecke bd. Würde statt dessen eine allgemeine Mehrwertsteuer erhoben, die alle Güter um den gleichen Prozentsatz verteuert, würde sich die Budgetgerade der Konsumenten nach B_{MWS} verschie-

Schaubild C/7 - Die   Zusatzlast   einer   speziellen   Verbrauchssteuer

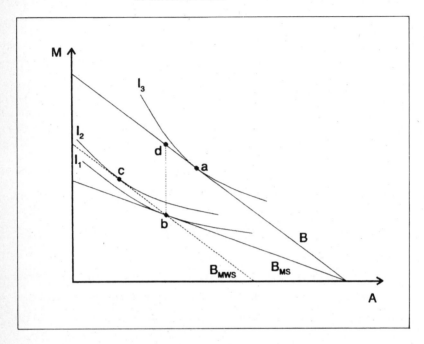

ben.[1] Sie könnten nun, bei gleicher Steuerzahlung wie
in b, den Konsumpunkt c erreichen, bei dem das
Nutzenniveau höher ist, da I_2 oberhalb von I_1 liegt.

---

[1] Zur Verdeutlichung sei noch einmal darauf hingewie-
sen, daß die Steuereinnahmen bei allen Punkten auf
B_{MWS} gleich hoch sind, während die Steuereinnahmen
bei den Punkten auf B_{MS} um so höher sind, je weiter
nach links die Punkte liegen. Nur in b sind die
Einnahmen aus der Mineralölsteuer und der Mehrwertsteuer gleich hoch.

Aus ökonomischer Sicht ist ein Steuersystem also um so weniger belastend, je weniger es die relativen Preise zwischen den verschiedenen Gütern verzerrt. Eine allgemeine Verbrauchssteuer wie die Mehrwertsteuer ist in dieser Hinsicht einer speziellen Steuer wie der Mineralölsteuer überlegen. Der Grund dafür ist im Prinzip der gleiche wie bei der Überlegenheit der allgemeinen Transfers gegenüber dem Wohngeld: Auch wenn die absolute Höhe der vom einzelnen zu zahlenden Steuer bei der Mineralölsteuer und der Mehrwertsteuer gleich hoch ist, greift der Staat mit der Mineralölsteuer in die freie Preisbildung am Markt ein und verzerrt damit die Wahlmöglichkeiten, die dem Konsumenten offenstehen.

Wenn der Staat Steuereinnahmen in Höhe von bd erzielen will und ihm als Instrument dafür nur eine spezielle oder eine allgemeine Verbrauchssteuer zur Verfügung steht, kann dem Steuerzahler die Nutzeneinbuße durch den Wechsel von I_3 auf I_2 nicht erspart werden. Wenn der Staat jedoch einzelne Güter stärker besteuert als andere, kommt eine weitere Nutzeneinbuße durch den Wechsel von I_2 auf I_1 hinzu, der dem Steuerzahler bei einer allgemeinen Verbrauchssteuer erspart bliebe. Diese zusätzliche Nutzeneinbuße wird in der Fachsprache der Ökonomen als *Zusatzlast* ("excess burden") bezeichnet.

2.   Allgemeine Verbrauchssteuer vs. Einkommensteuer

Eine allgemeine Verbrauchssteuer, die auf alle Güter in gleicher Höhe erhoben wird, verändert zwar nicht die relativen Preise zwischen den verschiedenen Gütern und verzerrt damit auch nicht die Konsumstruktur, doch völlig verzerrungsfrei ist auch diese Steuer nicht. Denn sie belastet nur jenen Teil des Einkommens, der für Konsumzwecke ausgegeben wird, nicht aber den Teil, der gespart wird. Auch die Entscheidung zwischen Konsum und Sparen läßt sich mit Hilfe von Indifferenzkurven darstellen.

Bisher hatten wir implizit unterstellt, daß die Wirtschaftssubjekte ihr gesamtes Budget für Konsumzwecke ausgeben, und es wurde gefragt, wie das verfügbare Budget auf unterschiedliche Konsumgüter aufgeteilt wird. Um analysieren zu können, wovon nun die Entscheidung zwischen Konsum und Sparen abhängt, müssen die Achsenbezeichnungen von Schaubild C/7 dahingehend geändert werden, daß an ihnen die gesamten Konsumausgaben einerseits und die Ersparnis andererseits abgetragen werden (Schaubild C/8). Die Budgetgerade B gibt nun das insgesamt verfügbare Einkommen eines Individuums in einer Situation ohne Besteuerung an.

Ziel des Staates sei es wiederum, eine Steuereinnahme in Höhe von bd zu erzielen. Bei den gegebenen Indifferenzkurven muß er dafür eine allgemeine Verbrauchssteuer erheben, mit der die Budgetgerade auf B_{MWS} gedreht wird. Der Steuerzahler teilt nun sein Einkommen so zwischen Konsum und Ersparnis auf, daß er die Indifferenzkurve I_1 erreicht. Würde statt dessen eine Einkommensteuer in Höhe von bd erhoben, würde die Budgetgerade auf B_{Ek} verschoben. Unter dieser Bedingung könn-

Schaubild C/8 - Die Zusatzlast einer allgemeinen Verbrauchssteuer

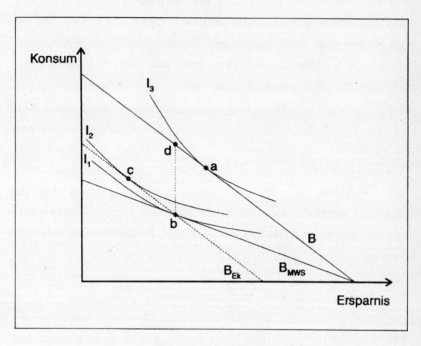

te der Steuerzahler mehr konsumieren und weniger sparen und damit die höhere Indifferenzkurve I_2 erreichen.

Auch die allgemeine Verbrauchssteuer verursacht also eine Zusatzlast, da die gesamte Steuerlast höher ist als bei der Einkommensteuer. Verbrauchssteuern sind somit nicht effizient, da sie das vorgegebene Ziel - die Erzielung von Steuereinnahmen in bestimmter Höhe - mit einer unnötig hohen Nutzeneinbuße erreichen.

An dieser Stelle mag es sinnvoll sein, den Begriff der Zusatzlast etwas näher zu betrachten: Im alltäglichen

Sprachgebrauch wird die Steuerlast oftmals gleichgesetzt mit der Höhe der insgesamt zu zahlenden Steuer. In der ökonomischen Theorie ist dagegen nicht die Höhe des an das Finanzamt abzuführenden Geldbetrages entscheidend, sondern die Nutzeneinbuße, die mit der Steuerzahlung verknüpft ist. Obwohl die Höhe der Steuerschuld in Punkt b und Punkt c identisch ist, wird der Steuerzahler in Punkt b stärker belastet, da sein Nutzenniveau geringer ist als in Punkt c. Um die Höhe der Steuerlast im ökonomischen Sinne zu ermitteln, reicht es nicht aus, festzustellen, ob viel oder wenig Steuern gezahlt werden müssen, sondern es muß auch die Verzerrung der relativen Preise durch das Steuersystem in Rechnung gestellt werden.

3.   Einkommensteuer vs. Kopfsteuer

Die Argumentation läßt sich noch einen Schritt weiterführen, wenn berücksichtigt wird, daß die Besteuerung des Einkommens einen Einfluß darauf hat, ob das besteuerte Wirtschaftssubjekt seine verfügbare Zeit als Arbeitszeit oder als Freizeit einsetzt. Eine Verzerrung dieser Entscheidung durch das Steuersystem läßt sich nur dann vermeiden, wenn von allen Personen eine gleich hohe Steuer erhoben wird, unabhängig davon, wie hoch das Einkommen der betreffenden Person ist. Eine derartige *Kopfsteuer* ist die einzige Steuer, die keine Verzerrung der relativen Preise in einer Wirtschaft bewirkt und die es allen Wirtschaftssubjekten ermöglicht, bei gegebener Höhe der Steuerzahlung ein Maximum an Nutzen zu erreichen.

Grafisch läßt sich dieses Argument wie in Schaubild C/7 und C/8 darstellen; es müssen allerdings wieder einmal die Achsenbezeichnungen geändert werden. An der vertikalen Achse wird nun das bei maximalem Arbeitseinsatz erzielbare Einkommen, an der horizontalen Achse die Freizeit abgetragen (Schaubild C/9). Die Budgetgerade B gibt an, wie die verfügbare Zeit eines Individuums zwischen Arbeit und Freizeit aufgeteilt werden kann. Eine Einkommensteuer verschiebt die Budgetgerade nach B_{Ek}, eine Kopfsteuer nach B_K. Die Zusatzlast der Einkommensteuer im Vergleich zur Kopfsteuer wird deutlich am unterschiedlichen Nutzenniveau von I_1 und I_2.

Schaubild C/9 - Die Zusatzlast einer Einkommensteuer

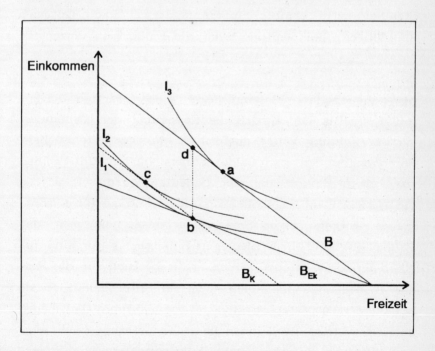

Oben wurde argumentiert, daß staatliche Unterstützungs-
zahlungen nur dann effizient sind, wenn sie als allgemeine, nicht zweckgebundene Transfers gewährt werden
(Abschnitt B V 3). Hier wurde gezeigt, daß die zur Finanzierung solcher Transfers nötigen Steuern nur mit
Hilfe einer Kopfsteuer auf effiziente Weise erhoben werden können. Eine konsequent nach ökonomischen Kriteri-
en konzipierte Sozialpolitik müßte also so gestaltet werden, daß alle Personen mit einer gleich hohen Kopfsteuer
belastet werden und daß aus diesem Steueraufkommen
allgemeine Transfers an diejenigen Personen gezahlt werden, die der Staat unterstützen will, d. h. in der Regel
an Personen mit niedrigem Einkommen. Nur so läßt sich
das Pareto-Optimum, das sich bei Wettbewerb ohne
Staatseingriffe ergibt, in ein anderes Pareto-Optimum
überführen, bei dem der Staat die Einkommen umverteilt
hat.

Ein naheliegender Einwand gegen eine derartige Umver-
teilungspolitik lautet, daß die Koppelung der Kopfsteuer
mit der Zahlung von Transfers an einkommensschwächere
Personengruppen per Saldo keinen großen Unterschied
zur reinen Einkommensteuer bedeuten würde. Denn für
die Ärmeren sei es schließlich gleich, ob sie ihre Kopfsteuer weitgehend vom Sozialamt erstattet bekommen oder
ob sie aufgrund ihres niedrigen Einkommens nur eine ge-
ringe Einkommensteuer zahlen müßten. Auch für die Rei-
cheren bestünde prinzipiell kaum ein Unterschied, ob sie
bei einem Kopfsteuersystem überdurchschnittlich hoch
belastet würden, weil ihnen keine Transfers gezahlt werden, oder ob sie eine höhere Einkommensteuer als andere

zahlen müßten. Die Kopfsteuer würde zwar im Gegensatz
zur Einkommensteuer für sich genommen die Entscheidung zwischen Arbeit und Freizeit nicht verzerren, doch
dafür ginge eine derartige Verzerrung nun vom Trans-
fersystem aus.

Wenn die Höhe der Transferzahlung unmittelbar von der
Höhe des Einkommens abhängt, ist dieser Einwand ohne
Zweifel berechtigt. Die Schlußfolgerung würde dann lau-
ten, daß es in einer Marktwirtschaft eben doch nicht
möglich sei, die im Marktprozeß entstandene Einkommensverteilung nachträglich durch staatliche Umverteilungs-
maßnahmen zu ändern, ohne die Bedingungen für ein
Pareto-Optimum zu verletzen. Die Ursache dafür ist das
sogenannte *Samariter-Dilemma*, das darin besteht, daß
die Unterstützung hilfsbedürftiger Personen zwangsläufig
deren Eigeninteresse schwächt, ihre Notlage aus eigener
Kraft zu überwinden.

Die Situation ist jedoch anders, wenn die Höhe der Sozi-
altransfers an die Fähigkeit des einzelnen zur Einkom-
menserzielung geknüpft wird und nicht an das tatsächlich erzielte Einkommen. Die Differenzierung der Sozial-
leistungen nach der Fähigkeit der Betroffenen, ein eigenes Einkommen zu erzielen, ist in der Praxis natürlich
außerordentlich schwierig, doch zumindest ansatzweise
wird dies von den Sozialbehörden durchaus versucht:
Arbeitslosengeld erhält nur, wer der Arbeitsvermittlung
zur Verfügung steht und bereit ist, angebotene Arbeitsplätze auch anzunehmen. Unfallrenten sind um so höher,
je stärker die Erwerbsfähigkeit beeinträchtigt ist. Sozi-

alhilfe kann gekürzt werden, wenn der Empfänger seiner Verpflichtung zur Selbsthilfe nicht nachkommt. All dies sind Ansätze, das Samariter-Dilemma zu lösen, auch wenn die Lösung sicherlich nicht perfekt ist.

Zumindest als theoretischer Grenzfall ist demnach durchaus eine Sozialpolitik vorstellbar, die weder bei der Auszahlung der Leistungen noch bei der Aufbringung der dafür nötigen Steuern die Bedingungen für ein Pareto-Optimum verletzt. Die Differenzierung der Leistungen nach den unterschiedlichen Fähigkeiten, eigenes Einkommen zu erzielen, ist vom Grundprinzip her in der wirtschaftspolitischen Diskussion weitgehend akzeptiert. Die Einführung eines verzerrungsfreien Steuersystems in Form einer Kopfsteuer dagegen würde sicherlich auf erhebliche politische Widerstände stoßen. Insbesondere der Verzerrungseffekt durch die Einkommensteuer leuchtet demjenigen, der mit dem hier vorgestellten Handwerkszeug der ökonomischen Theorie nicht vertraut ist, meist nur schwer ein. Zum Abschluß soll dieser Effekt deshalb noch einmal anhand eines praktischen Beispiels erläutert werden:

Nehmen Sie an, Sie sind Wissenschaftler mit einem Einkommensteuersatz von 50 Prozent, und Ihr Küchenabfluß ist verstopft. Sie stehen vor der Entscheidung, den Abfluß von einem Klempner in Ordnung bringen zu lassen und dafür 100 DM zu zahlen oder als Heimwerker zwei Stunden Ihrer Freizeit zu opfern, um den Schaden selbst zu beheben. Wenn Sie sich für den Klempner entscheiden, können Sie in den eingesparten zwei Stunden einen

Vortrag halten, der mit 150 DM honoriert wird. Nach Steuern bleiben Ihnen von diesem Honorar aber nur 75 DM, während Sie an den Handwerker 100 DM bezahlen müssen. Die Heimwerkertätigkeit bringt Ihnen also einen Netto-Ertrag von 25 DM, obwohl es gesamtwirtschaftlich unsinnig ist, daß Sie sich als Heimwerker 100 DM verdienen, während Sie mit dem Vortrag ein um 50 DM höheres Bruttoeinkommen erzielen könnten. Würde der Staat von Ihnen keine Einkommensteuer, sondern eine Kopfsteuer erheben, würden Sie den Vortrag halten und der Klempner den Abfluß reparieren - offenkundig eine bessere Lösung als die oben beschriebene.

III. Produktionsstruktur: Sektorale Strukturpolitik und Transformationskurve

1. Sektorale Strukturpolitik im Angebot-Nachfrage-Diagramm

In den vorangegangenen Abschnitten ist mit der Wohnungsmarktpolitik, der Sozialpolitik und der Steuerpolitik bereits ein recht breites Spektrum staatlicher Eingriffe in Marktprozesse analysiert worden. Ausgespart geblieben ist bislang allerdings der gesamte Bereiche der *sektoralen Strukturpolitik*. Bei dieser Politik geht es darum, durch gezielte Subventionen für einzelne Wirtschaftszweige deren Anteil an der gesamten Wirtschaft eines Landes zu erhöhen.

Die sektorale Wirtschaftsstruktur eines Landes, d. h. der Anteil der verschiedenen Branchen an der gesamtwirtschaftlichen Produktion bzw. der Zahl der Arbeitsplätze, ist nicht für alle Zeiten fest vorgegeben, sondern in ständigem Wandel begriffen. In einem hochentwickelten Land wie der Bundesrepublik beispielsweise nimmt der Anteil derjenigen Branchen, die technologisch anspruchsvolle Güter produzieren, im Zeitablauf tendenziell zu, während Branchen mit einfachen Gütern, die auch in weniger entwickelten Ländern produziert werden können, vom Schrumpfen bedroht sind. Dieses Schrumpfen zu verhindern oder zumindest zu verlangsamen, ist das zentrale Ziel der sektoralen Strukturpolitik. Sie konzentriert sich dabei in erster Linie auf die Landwirtschaft, den

Bergbau, die Stahlindustrie und die Werften, die unter besonders starkem Anpassungsdruck stehen. Für die Subventionierung dieser Branchen werden in der Bundesrepublik wie auch in anderen Industrieländern Jahr für Jahr Milliardenbeträge aufgewandt.

Daneben ist die sektorale Strukturpolitik bemüht, wachstumsstarke Industriezweige zu unterstützen, um durch eine gezielte Förderung dieser Bereiche das gesamtwirtschaftliche Wachstumstempo zu erhöhen. Im Mittelpunkt dieser Politik stehen vor allem die Mikroelektronik sowie der Luft- und Raumfahrzeugbau. Sie erscheinen vielen Regierungen als erfolgversprechende Zukunftsindustrien, und ihre Förderung gilt als besonders lohnend. Am gesamten Subventionsvolumen gemessen steht allerdings eindeutig die Unterstützung strukturschwacher Branchen im Vordergrund. Die Strukturpolitik wirkt also per Saldo eher bremsend als beschleunigend auf den Strukturwandel.

Welche Auswirkung die sektorale Strukturpolitik auf die gesamtwirtschaftliche Effizienz hat, läßt sich auf zweierlei Weise darstellen. In diesem Abschnitt wird dafür auf das Angebot-Nachfrage-Diagramm zurückgegriffen, das in Kapitel B entwickelt worden ist. Im nächsten Abschnitt soll das Zwei-Güter-Modell herangezogen werden, das für diesen Zweck allerdings erweitert werden muß.

Nehmen wir an, es gibt in unserer Volkswirtschaft nur zwei Branchen, von denen die eine Nahrungsmittel und die andere Autos produziert. Die Marktsituation für diese

Schaubild C/10 - Subventionierung eines Wirtschaftszweiges

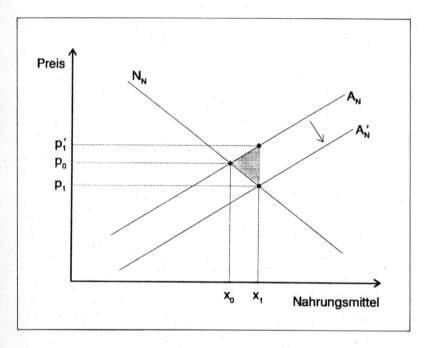

beiden Güter ist in Schaubild C/10 und C/11 dargestellt.
Das Marktgleichgewicht für Nahrungsmittel ist durch den
Schnittpunkt von A_N und N_N, das für Autos durch den
Schnittpunkt von A_A und N_A gegeben. Die Regierung
möchte erreichen, daß mehr Nahrungsmittel produziert
werden. Sie zahlt deshalb eine Subvention an die Unternehmen der betroffenen Branche, so daß sich die Angebotskurve nach A_N' verschiebt. Dadurch sinkt der Preis
von p_0 auf p_1, und die Menge steigt von x_0 auf x_1.

Die Subvention pro Stück, die für eine derartige Verschiebung der Angebotskurve nötig ist, beträgt $p_1'-p_1$.

Schaubild C/11 – Besteuerung eines Wirtschaftszweiges

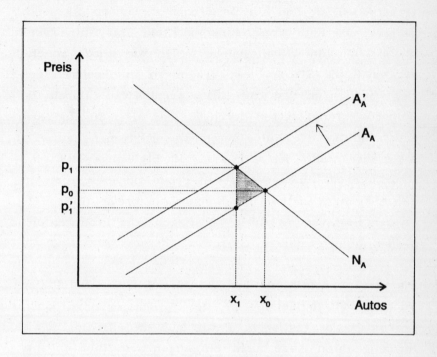

Für die Produzenten hat die Subvention die gleiche Wirkung wie ein Preisanstieg infolge einer Nachfrageausweitung auf p_1'. Deshalb kann der Preis p_1' auch als *Produzentenpreis* bezeichnet werden. Während im Marktgleichgewicht ohne Staatseingriff der von den Nachfragern gezahlte *Konsumentenpreis* mit dem Produzentenpreis identisch war (p_0), ist infolge der Subvention der Konsumentenpreis auf p_1 gesunken und der Produzentenpreis auf p_1' gestiegen.

Um die Subventionen finanzieren zu können, muß allerdings eine Steuer erhoben werden. Würde diese Steuer beispielsweise von den Konsumenten erhoben, würden

sich die Nachfragekurven in beiden Märkten nach unten
verschieben, da den Konsumenten nur noch ein kleineres
Budget zum Kauf von Nahrungsmitteln und Autos ver-
bliebe. Der Einfachheit halber wollen wir jedoch annehmen, daß die Steuern von denjenigen Unternehmen gezahlt werden müssen, die Autos produzieren. Durch die
Steuerbelastung steigen deren Grenzkosten, und die Angebotsfunktion für Autos verschiebt sich von A_A auf A_A'.
Auch hier stellt sich ein neues Marktgleichgewicht ein,
allerdings mit einer geringeren Produktionsmenge als in
der Ausgangssituation. Die Konsumentenpreise sind infolge der Besteuerung auf p_1 gestiegen, die Produzentenpreise auf p_1' gesunken.

Die Strukturpolitik hat ihr Ziel erreicht; der Anteil der
Nahrungsmittelindustrie an der gesamtwirtschaftlichen
Produktion ist gestiegen. Dafür muß sie allerdings, wie
Ihrem geübten Auge nicht entgangen sein dürfte, eine
Beeinträchtigung der gesamtwirtschaftlichen Wohlfahrt in
Kauf nehmen. Im Markt für Nahrungsmittel stimmen zwar
auch im neuen Marktgleichgewicht die Grenzkosten der
Nachfrager und die von den Unternehmen zu tragenden
Grenzkosten überein, aber nur deshalb, weil die tatsächlichen Grenzkosten durch die staatlichen Subventionen
künstlich abgesenkt worden sind. Die von der Gesamtwirtschaft aufzubringenden Kosten für die Produktion
von Nahrungsmitteln sind nach wie vor durch A_N und
nicht durch A_N' gegeben. Rechts von x_0 werden also Güter produziert, die für die Konsumenten weniger wert
sind als sie für die Gesamtwirtschaft kosten.

Analog dazu wird durch die Besteuerung der Automobil-
hersteller die Produktion von Autos verhindert, die höhere Nutzen als Kosten bringen würden. Die gesamtwirtschaftlichen Wohlfahrtsverluste, die von der Strukturpolitik verursacht werden, sind an den schraffierten Dreiecken in Schaubild C/10 und C/11 ablesbar. [1] Diese Wohlfahrtsverluste sind gleichzusetzen mit dem Abstieg der
Konsumenten von einer höheren auf eine niedrigere Indifferenzkurve. Wie es infolge strukturpolitischer Interventionen zu einem solchen Abstieg kommt, wird im folgenden dargestellt.

2. Transformationskurve

Um den sektoralen Strukturwandel, d. h. die Anteilsver-
schiebungen zwischen verschiedenen Branchen, im Zwei-
Güter-Modell analysieren zu können, wird eine Darstellung der Produktionsmöglichkeiten einer Volkswirtschaft
benötigt. Dafür benutzen wir ein Diagramm, an dessen
beiden Achsen wir die Menge der produzierten Nahrungsmittel (N) sowie die Menge der produzierten Autos
(A) abtragen (Schaubild C/12). Nehmen wir an, in der
Ausgangssituation a werden x_N Nahrungsmittel und x_A
Autos produziert. Alle Produktionsanlagen seien ausgelastet, und alle Arbeitskräfte seien beschäftigt, so daß es

---

[1] Vielleicht ist Ihnen aufgefallen, daß die gesamtwirtschaftlichen Wohlfahrtsverluste infolge einer vom Wettbewerbsgleichgewicht abweichenden Produktionsmenge

Schaubild C/12 – Kurzfristige   Produktionsmöglichkeiten
              einer Volkswirtschaft

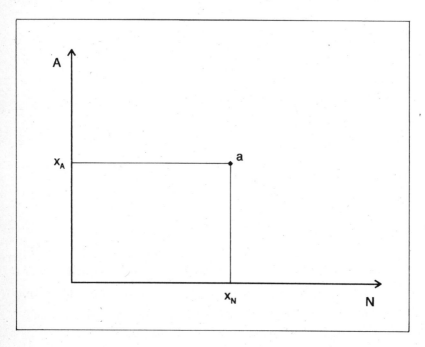

technisch unmöglich ist, die Produktion über a hinaus
auszudehnen.

Wenn nun die Produktion von Autos zurückgeht, können
die freiwerdenden Produktionsanlagen kurzfristig vermutlich nicht ohne weiteres auf die Nahrungsmittelproduktion
umgestellt werden, so daß sich die gesamtwirtschaftliche
Produktion von Punkt a in Richtung x_N verschiebt.
Auch eine rückläufige Nahrungsmittelproduktion könnte
kurzfristig wohl kaum durch eine erhöhte Automobilproduktion ersetzt werden, so daß sich in diesem Fall die
Produktion von a nach links in Richtung auf x_A verschieben würde. Der rechtwinklige Streckenzug x_A a x_N

beschreibt somit die verschiedenen Produktionsmöglichkeiten, die in unserer Volkswirtschaft kurzfristig realisiert werden können. Eine derartige Beschreibung der
Produktionsmöglichkeiten wird als *Transformationskurve*
bezeichnet.

Wenn der Rückgang der Automobilproduktion allerdings
nicht nur vorübergehend ist, wird es längerfristig vermutlich doch Möglichkeiten zur Erhöhung der Nahrungsmittelproduktion geben. Arbeitskräfte, die in der Automobilindustrie nicht mehr benötigt werden, bemühen
sich, in der Nahrungsmittelindustrie neue Arbeitsplätze
zu finden. Auch für Kapitalanleger wird es lohnend, ihr
Kapital aus dem Automobilbau abzuziehen und in der
Nahrungsmittelindustrie zu investieren. So kommt es zu
einer Erhöhung der Produktionskapazitäten im Nahrungs-
mittelbereich, und längerfristig wird es möglich, mehr
Nahrungsmittel als x_N zu produzieren.

Entsprechend dazu läßt sich auf längere Sicht auch die
Produktion von Nahrungsmitteln in gewissem Umfang
durch die Produktion von Automobilen ersetzen. Die
langfristige Transformationskurve (Produktionsmöglich-
keitenkurve) unserer Volkswirtschaft ist daher nicht
rechtwinklig, sondern etwa so gekrümmt wie die in
Schaubild C/13 dargestellte Kurve. Wie stark die Krümmung ist, hängt davon ab, wie groß die technischen
Schwierigkeiten bei der Umstellung von der Automobil-
auf die Nahrungsmittelproduktion oder umgekehrt sind.
Ausschlaggebend dafür ist beispielsweise, in welchem
Umfang Produktionsanlagen aus der einen Industrie auch

Schaubild C/13 - Transformationskurve

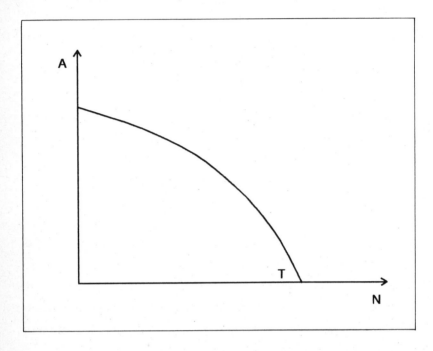

in der anderen genutzt werden können oder wie groß
der Umschulungsbedarf bei den Arbeitskräften ist. Je
größer all diese Schwierigkeiten, desto stärker ist die
Krümmung der Transformationskurve. Den Extremfall, in
dem eine Produktionsumstellung technisch völlig unmöglich ist, markiert die rechtwinklige Transformationskurve.

Falls die Transformationskurve auch langfristig eine
rechtwinklige Form wie Schaubild C/12 aufweist, werden
die Unternehmen in jedem Fall den Punkt a als Produktionspunkt wählen, denn bei jeder anderen Kombination
von Produktionsmöglichkeiten würde insgesamt weniger

produziert, weniger Umsatz getätigt und weniger Gewinn erzielt. Falls die Transformationskurve jedoch gekrümmt ist wie in Schaubild C/13, hängt es von den relativen Güterpreisen ab, welcher Produktionspunkt die höchsten Gewinne bringt. Steigen beispielsweise die Preise für Autos im Vergleich zu den Preisen für Nahrungsmittel, wird es lohnend, mehr Autos und weniger Nahrungsmittel zu produzieren.

An dieser Stelle muß erwähnt werden, daß die Produktionskosten für alle Unternehmen zusammengenommen in allen Punkten auf der in Schaubild C/13 dargestellten Transformationskurve gleich hoch sind. In jedem Punkt dieser Kurve sind annahmegemäß alle verfügbaren Arbeitskräfte beschäftigt, so daß die Arbeitskosten bei gegebenem Lohnsatz bei allen Produktionskombinationen gleich hoch sind. Auch das einer Volkswirtschaft zur Verfügung stehende Kapital ist in allen Punkten der Kurve vollständig ausgelastet, so daß auch die Kapitalkosten bei gegebenem Zins bei allen Kombinationen gleich sind. Wenn also die Kosten überall auf der Transformationskurve gleich hoch sind, hängt die Höhe der Unternehmensgewinne nur noch von der Höhe des Umsatzes ab, den sie bei den verschiedenen Produktionsmöglichkeiten erzielen können.

Welcher Punkt auf der Transformationskurve den höchsten Umsatz bringt, hängt offenkundig von der Relation der Preise zwischen Autos und Nahrungsmitteln ab. Um die auf den einzelnen Punkten der Transformationskurve zu erzielenden Umsätze miteinander vergleichen zu kön-

Schaubild C/14 - Optimaler Produktionspunkt

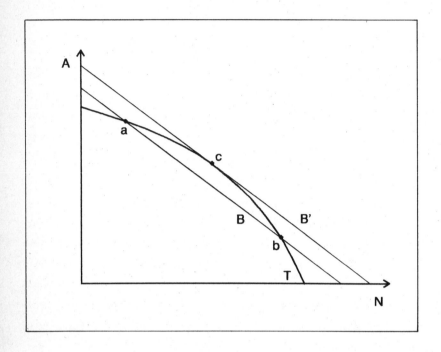

nen, läßt sich als analytisches Hilfsmittel die Ihnen bereits bekannte Budgetgerade heranziehen, die auch als Preisgerade bezeichnet werden kann, da ihre Steigung die Relation der beiden Güterpreise mißt.

Wenn die Unternehmen auf der Transformationskurve T beispielsweise den Produktionspunkt a wählen und wenn die Preisrelation der Steigung der Geraden B entspricht, so erzielen sie einen genauso hohen Umsatz wie in Punkt b, denn auf allen Punkten von B ist der Umsatz gleich (Schaubild C/14). Wollen sie ihren Umsatz steigern, müssen sie also einen Produktionspunkt wählen, der oberhalb von B liegt. Das Umsatzmaximum (und damit das Gewinnmaximum) ist in Punkt c erreicht, in dem die Preisgerade die Transformationskurve tangiert.

Der Umsatz, den die Unternehmen insgesamt erzielen, ist in unserem Modell gleichbedeutend mit der Höhe des Einkommens, das den Konsumenten zur Verfügung steht. Dies wird deutlich, wenn man sich vor Augen hält, wofür die Unternehmen ihre Einnahmen verwenden: Einen Teil des Umsatzes benötigen sie, um ihre Arbeitskräfte zu entlohnen. Diese Arbeitskräfte sind aber zugleich Konsumenten, die ihr Einkommen in unserer Zwei-Güter-Welt nur für Autos oder Nahrungsmittel ausgeben können. Ein anderer Teil des Umsatzes wird zur Finanzierung der Kapitalkosten benötigt, und ein letzter Teil bleibt als Unternehmensgewinn übrig. In unserem Modell haben auch die Kapitaleigner und die Unternehmen nur die Wahl, ihr Geld für Autos oder für Nahrungsmittel auszugeben.

So gibt die Budgetlinie B' in Schaubild C/14 nicht nur die Höhe der gesamten Unternehmenseinnahmen, sondern auch die insgesamt für Konsumausgaben zur Verfügung stehenden Mittel an. Zu klären bleibt, wie die Pläne der Produzenten, eine bestimmte Menge an Autos und Nahrungsmitteln anzubieten, mit den Plänen der Konsumenten, eine bestimmte Menge an Autos und Nahrungsmitteln nachzufragen, miteinander in Übereinstimmung gebracht werden. Dies ist die Frage nach dem Marktgleichgewicht.

Das Marktgleichgewicht im Zwei-Güter-Fall läßt sich grafisch darstellen, indem Schaubild C/14 und Schaubild

Schaubild C/15 - Marktgleichgewicht im Zwei-Güter-Modell

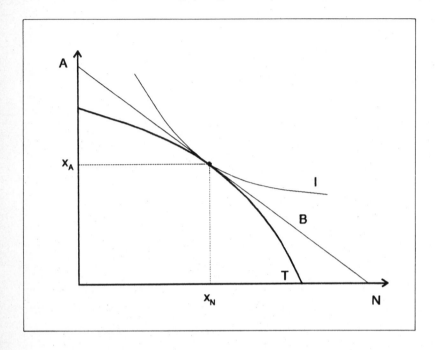

C/5 zusammengefügt werden. Das ergibt Schaubild C/15, das sich wie folgt interpretieren läßt: Nutzenmaximierende Konsumenten teilen ihr Budget gerade so auf, daß eine Indifferenzkurve die Budgetgerade tangiert. Gewinnmaximierende Unternehmen wählen einen Produktionspunkt, in dem die Budgetgerade die Transformationskurve tangiert. Ein Marktgleichgewicht, bei dem weder die Konsumenten noch die Produzenten Veranlassung haben, ihre Entscheidungen zu revidieren, ist also im Berührungspunkt der Transformationskurve mit einer Indifferenzkurve erreicht. Bei einer Lage der Kurven wie in Schaubild C/15 werden im Marktgleichgewicht also x_A Autos und x_N Nahrungsmittel produziert.

Zum Ausgleich gebracht werden die Pläne der Konsumenten und Produzenten letztlich durch die Veränderung der relativen Preise. Wären beispielsweise Autos teurer und Nahrungsmittel billiger als es durch die Steigung der Geraden B in Schaubild C/15 zum Ausdruck kommt, würden die Konsumenten weniger als x_A Autos nachfragen und die Produzenten mehr als x_A Autos anbieten. Aufgrund dieses Angebotsüberschusses würden Autos so lange billiger werden, bis Angebot und Nachfrage übereinstimmen, d. h. bis das Preisverhältnis zwischen Autos und Nahrungsmitteln der Steigung der Preisgeraden B entspricht.

Anhand dieser grafischen Darstellung läßt sich somit erkennen, welch zentrale Rolle den *relativen Preisen* in einer Marktwirtschaft zukommt. Nur wenn sich die Güterpreise frei nach Angebot und Nachfrage einpendeln können, ist gewährleistet, daß Konsumenten- und Produzentenpläne in Einklang gebracht werden. Greift der Staat in die Preisbildung ein, kann sich die Preisgerade nicht so drehen, daß sie genau im Berührungspunkt von Transformations- und Indifferenzkurve diese beiden Kurven tangiert. Ein gesamtwirtschaftliches Wohlfahrtsmaximum ist dann nicht mehr erreichbar. Inwieweit die sektorale Strukturpolitik die relativen Preise in einer Wirtschaft verändert und welche Konsequenzen sich daraus ergeben, ist Thema des folgenden Abschnitts.

3.   Sektorale Strukturpolitik im Zwei-Güter-Modell

Genau wie in Abschnitt C III. 1 wollen wir unterstellen,
daß die sektorale Strukturpolitik das Ziel verfolgt, den
Anteil der Nahrungsmittelproduktion an der gesamtwirt-
schaftlichen Produktion zu erhöhen und den Anteil der
Automobilproduktion dementsprechend zurückzudrängen.
Zu diesem Zweck zahlt der Staat eine Subvention an die
Nahrungsmittelhersteller und finanziert sie mit einer
Steuer auf die Automobilproduktion. Die Ausgangssitua-
tion, in der der Staat keine Strukturpolitik betreibt, ist
durch den Punkt a in Schaubild C/16 gegeben. In dieser

Schaubild C/16 - Wohlfahrtsverluste   durch   sektorale
Strukturpolitik

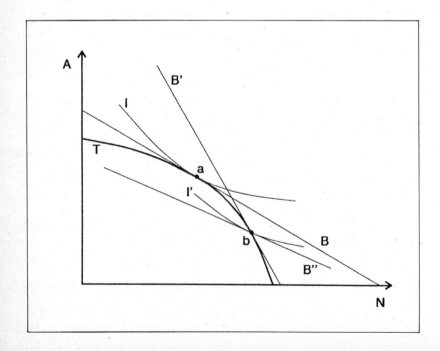

Situation sind die Einnahmen der Produzenten und das Budget der Konsumenten durch die Gerade B gegeben; die Konsumenten sind in der Lage, die Indifferenzkurve I zu erreichen.

Wenn nun der Staat Nahrungsmittel subventioniert und Autos besteuert, gilt für die Produzenten nicht mehr die Preisrelation, wie sie in der Steigung von B zum Ausdruck kommt. Denn eine Subvention für Nahrungsmittel hat für die Unternehmen den gleichen Effekt, als wenn Nahrungsmittel teurer geworden wären. Und die Besteuerung der Automobilproduktion wirkt für sie wie eine Preissenkung für Autos. Ihre Budgetgerade in Schaubild C/16 wird also steiler; sie dreht sich nach B'. Infolge dieser relativen Änderung der Produzentenpreise wird die Nahrungsmittelproduktion ausgedehnt und die Automobilproduktion eingeschränkt. Der neue Produktionspunkt liegt in b.

Für die Konsumenten bewirkt die Subventionspolitik eine genau entgegengesetzte Veränderung der relativen Preise. Sie sind nur bereit, die erhöhte Nahrungsmittelproduktion auch nachzufragen und dafür ihre Ausgaben für Autos zu reduzieren, weil für sie Nahrungsmittel billiger und Autos teurer geworden sind als in Punkt a. Die Konsumentenpreise haben sich so weit geändert, daß die Preisrelation für die Nachfrager der Steigung von B'' entspricht. Nur unter dieser Bedingung sind die Konsumenten bereit, den Punkt b als Konsumpunkt zu wählen, d. h. die angebotene Menge an Nahrungsmitteln und Autos auch tatsächlich nachzufragen. Ihr Nutzenniveau hat sich durch die Subventionspolitik eindeutig verringert, denn sie können mit dem Budget von B" nur noch die Indifferenzkurve I' erreichen, die unterhalb von I liegt.

Um diese Auswirkungen der Subventionspolitik besser nachvollziehen zu können, mag es sinnvoll sein, noch einmal zurückzublättern und Schaubild C/16 mit Schaubild C/10 und C/11 zu vergleichen. In diesen Grafiken ging es ja um den gleichen Sachverhalt, für den nur eine andere Darstellungsform gewählt worden war.

- Die Verschiebung des *Produktions- und Konsumpunkts* unserer Modellwirtschaft von a nach b ist in Schaubild C/10 und C/11 jeweils an der Veränderung der Produktionsmenge von x_o auf x_1 ablesbar.

- Die Veränderung der *Konsumentenpreise*, die in Schaubild C/16 am Übergang von B auf B" deutlich wird, zeigt sich in Schaubild C/10 und C/11 an der Preisänderung von p_o auf p_1.

- Der Veränderung der *Produzentenpreise*, d. h. der Drehung der Preisgeraden von B auf B', entsprechen die Preisänderungen in Schaubild C/10 und C/11 von p_0 auf p_1'.

- Die Reduzierung des *Nutzens* für die Konsumenten schließlich, die sich in Schaubild C16 im Abstieg von I auf I' ausdrückt, ist in Schaubild C/10 und C/11 an den schraffierten Dreiecken ablesbar, die ja genau wie der Übergang von einer höheren auf eine niedrigere

Indifferenzkurve als Maß für die gesamtwirtschaftlichen Wohlfahrtsverluste infolge der staatlichen Strukturpolitik gelten können.

Wenn beide Darstellungsweisen zum gleichen Ergebnis führen - so mag sich der Leser fragen - weshalb war es dann eigentlich nötig, das Instrument der Transformationskurve einzuführen und den mühsamen Weg durch die Schaubilder C/12 bis C/16 zu gehen? Eine Antwort auf diese Frage lautet, daß es in Schaubild C/10 und C/11 nicht möglich war, anzugeben, in welchem Umfang sich die Produzenten- und Konsumentenpreise genau ändern werden, wenn eine Industrie subventioniert und eine andere besteuert wird. Die Rolle der relativen Preise bei der Realisierung eines Marktgleichgewichts läßt sich im Zwei-Güter-Modell wesentlich besser veranschaulichen als in getrennten Angebot-Nachfrage-Diagrammen für zwei Industrien. Eine weitere Antwort liegt darin, daß das Zwei-Güter-Modell ein ideales Gerüst bietet, um die Auswirkungen von internationalem Handel auf die Produktionsstruktur und die gesamtwirtschaftliche Wohlfahrt aufzuzeigen. Dieser Abschnitt diente also nicht zuletzt der Vorbereitung des nächsten Kapitels.

Kapitel D
Warum ist internationaler Handel vorteilhaft?

Wer die tagespolitische Diskussion verfolgt, gewinnt leicht den Eindruck, ein Land könne Vorteile aus internationalem Handel vor allem dadurch ziehen, daß es exportiert, während Importe aus anderen Ländern eher negativ zu bewerten seien. Bei Handelsgesprächen zwischen Regierungen geht es meist darum, Auslandsmärkte für eigene Exporte zu öffnen, während jedes Land darauf bedacht ist, seine Importe möglichst gering zu halten. Es bedarf immer wieder großangelegter internationaler Verhandlungsrunden, um zu einem gemeinsamen Abbau von Handelsschranken zu kommen. Doch kaum sind die Abkommen verabschiedet, sinnen die heimkehrenden Handelspolitiker schon wieder darüber nach, wie die Importe durch neue, von den Abkommen nicht erfaßte Maßnahmen zurückgedrängt werden können.

Von den Befürwortern einer derartigen Politik werden die Nachteile des Importdrucks für einzelne heimische Unternehmen vorschnell gleichgesetzt mit gesamtwirtschaftlichen Nachteilen für ein ganzes Land. Wenn japanische Automobilfirmen beispielsweise ihren Absatz in Europa erhöhen, so ist das für die europäischen Automobilfirmen mit ihren Beschäftigten sicherlich nachteilig, denn ihr Absatz geht entsprechend zurück. Für die Käufer von Automobilen dagegen sind die Importe aus Japan vorteilhaft, denn die Preise für Autos sind niedriger und die Angebotsvielfalt ist größer als in einer Situation ohne Importe. Wer den gesamtwirtschaftlichen Nutzen des in-

ternationalen Handels bewerten will, muß die Interessen
sowohl der Produzenten als auch der Konsumenten berücksichtigen.

I. Das Theorem der komparativen Vorteile

Die Beurteilung der Vor- und Nachteile internationalen
Handels in der ökonomischen Theorie ist bis heute maßgeblich geprägt durch die Arbeiten des englischen Ökonomen David Ricardo (1772-1823). Ricardo vertrat die
Ansicht, daß sich ein Land durch die Abschottung gegen Importe letztlich selbst schadet, daß es also im eigenen Interesse, und nicht etwa nur im Interesse der Han-
delspartner, sämtliche Zölle und anderen handelsbeschränkenden Maßnahmen ersatzlos abschaffen sollte. In
seinem Hauptwerk "Principles of Political Economy and
Taxation", das erstmals im Jahre 1817 erschien, zeigte
er, wie alle beteiligten Länder vom internationalen Handel
profitieren, und zwar nicht nur die reichen und lei-
stungsstarken Industrieländer, sondern auch die wirtschaftlich schwächeren Länder. Zur Illustration benutzte
er ein berühmt gewordenes Zahlenbeispiel, das im folgenden in vereinfachter Form wiedergegeben werden soll.

Bei diesem Beispiel geht es um den Handel zwischen Portugal und England, wobei unterstellt wird, daß es nur
eine Art von Produktionsfaktoren gibt, und zwar den
Faktor Arbeit, und daß es nur zwei Arten von Gütern
gibt, die als Wein und Tuch bezeichnet werden. Schon
Ricardo benutzte also zur theoretischen Analyse ein

Zwei-Güter-Modell. Welche Ergebnisse dieses Modell liefert, hängt natürlich von den Annahmen ab, die für die Analyse getroffen werden:

- Die erste Annahme betrifft die Produktionstechnologie. Es wird unterstellt, daß zur Produktion von einem Faß Wein in Portugal der Einsatz von einer Arbeitskraft pro Jahr, in England der Einsatz von drei Arbeitskräften pro Jahr nötig ist. Die Produktion eines Ballens Tuch erfordert dagegen – so die Annahme – in Portugal den Einsatz von zwei und in England den Einsatz von drei Arbeitskräften pro Jahr.

- Die zweite Annahme betrifft die Faktorausstattung, d. h. in unserem Beispiel die Anzahl der verfügbaren Arbeitskräfte in den beiden Ländern. Um das Rechenbeispiel möglichst einfach zu halten, wird angenommen, daß in jedem der beiden Länder zwölf Arbeitskräfte zur Verfügung stehen.

Anhand dieser Angaben läßt sich nun errechnen, daß in Portugal maximal zwölf Fässer Wein oder sechs Ballen Tuch und in England maximal vier Fässer Wein oder vier Ballen Tuch pro Jahr produziert werden können. Welche Kombination von Wein- und Tuchproduktion gewählt wird, hängt von der Nachfragestruktur ab, d. h. von den Indifferenzkurven der Konsumenten. Für unser Beispiel wollen wir annehmen, daß in einer Situation ohne Außenhandel *(Autarkie)* in Portugal acht Fässer Wein und zwei Ballen Tuch sowie in England drei Fässer Wein und ein Ballen Tuch produziert werden. Diese Produktionsstruktur entspricht zugleich der Konsumstruktur in den beiden Ländern, da sowohl den Portugiesen als auch den Engländern nur Konsumgüter aus heimischer Produktion zur Verfügung stehen (Tabelle D/1).

Bei *Freihandel* dagegen gibt es die Möglichkeit, einen Teil der inländischen Produktion an ausländische Konsumenten zu verkaufen und im Austausch dafür einen Teil der ausländischen Produktion für den inländischen Konsum zu erwerben. Wenn Portugal sich ausschließlich auf

Tabelle D/1 - Wein und Tuch in Portugal und England

	Benötigte Arbeitskräfte pro Jahr zur Produktion von ...		Verfügbare Arbeitskräfte	Autarkie	
				Produktion und Konsum	
	1 Faß Wein	1 Ballen Tuch		Fässer Wein	Ballen Tuch
Portugal	1	2	12	8	2
England	3	3	12	3	1

	Freihandel					
	Produktion		Export		Konsum	
	Fässer Wein	Ballen Tuch	Fässer Wein	Ballen Tuch	Fässer Wein	Ballen Tuch
Portugal	12	-	3	-	9	2
England	-	4	-	2	3	2

den Weinbau konzentriert und England alle verfügbaren Arbeitskräfte in der Textilindustrie einsetzt, können insgesamt zwölf Fässer Wein und vier Ballen Tuch produziert werden; das sind ein Faß Wein und ein Ballen Tuch mehr als im Autarkie-Zustand. Wenn nun Portugal drei Fässer Wein und England zwei Ballen Tuch exportiert, ist in beiden Ländern die Menge der verfügbaren Konsumgüter höher als bei Autarkie, d. h. die gesamtwirtschaftliche Wohlfahrt ist in beiden Länder gestiegen. Diese Wohlfahrtssteigerung wird als *Handelsgewinn* bezeichnet.

Wie kommt solch eine wundersame Vermehrung des Güterangebots zustande, wo sich doch die Produktionstechnologie nicht geändert hat und in keinem der beiden Länder mehr gearbeitet wird als zuvor? Unser Beispiel ist so konstruiert, daß die technischen Möglichkeiten in England sowohl in der Wein- als auch in der Tuchproduktion schlechter sind als in Portugal, denn der benötigte Arbeitseinsatz pro Einheit ist bei beiden Gütern größer.[1] Portugal hat somit sowohl bei Wein als auch bei Tuch einen *absoluten Vorteil* gegenüber England. Im Weinbau ist dieser Vorteil aber stärker ausgeprägt als in der Textilproduktion; Portugal hat also einen relativen Vorteil bei Wein. England dagegen hat bei Wein und Tuch einen absoluten Nachteil, doch da dieser absolute Nachteil gegen-

---

[1] Diese Modellannahme stimmt mit der von Ricardo überein. Daraus sollte aber nicht geschlossen werden, daß England zu Beginn des vorigen Jahrhunderts tatsächlich technologisch rückständig gegenüber Portugal war, sondern vielmehr daß David Ricardo ein typischer britischer Gentleman war.

über Portugal bei Tuch geringer ist, als bei Wein, läßt sich sagen, England habe bei Tuch einen relativen Vorteil. Derart definierte relative Vorteile werden nach Ricardo als *komparative Vorteile* bezeichnet.

Handelsgewinne werden dadurch möglich, daß sich beide Länder auf die Produktion derjenigen Güter spezialisieren, bei denen sie komparative Vorteile haben. Im Autarkie-Zustand kommt es nicht zu einer solchen Spezialisierung, da die portugisischen Konsumenten nicht ausschließlich Wein und die englischen Konsumenten nicht ausschließlich Tuch kaufen wollen. Erst durch Handel wird es möglich, die Produktion eines Landes stärker auf einzelne Güter zu spezialisieren als den Konsum. Dadurch geht es beiden Ländern besser als in der Situation ohne Handel. Diese Aussage wird als das *Theorem der komparativen Vorteile* bezeichnet.

Ricardo selbst hat die Vorzüge des Freihandels wie folgt beschrieben[1]: "Unter einem System von vollständig freiem Handel widmet natürlicherweise jedes Land sein Kapital und seine Arbeit solchen Verwendungen, die für es am vorteilhaftesten sind. Dieses Verfolgen des individuellen Nutzens ist wunderbar mit der allgemeinen Wohlfahrt der Gesamtheit verbunden. Indem es den Fleiß anregt, die Erfindungsgabe belohnt und am erfolgreichsten die besonderen Kräfte, die von der Natur verliehen sind, ausnutzt, verteilt es die Arbeit am wirksamsten und wirtschaftlichsten; während es durch die Vermehrung der allgemeinen Masse der Produktion allgemeinen

---

[1] Zitiert nach Ricardo (1972, S. 111).

Nutzen verbreitet und die Universalgesellschaft der Nationen der zivilisierten Welt durch ein gemeinsames Band des Interesses und Verkehrs miteinander verbindet. Dieser Grundsatz ist es, welcher bestimmt, daß Wein in Frankreich und Portugal, Getreide in Amerika und Polen angebaut und Metall und andere Waren in England verfertigt werden sollen. "

Das Theorem der komparativen Vorteile läßt sich selbstverständlich auch formal und mathematisch exakt beweisen. Doch dies blieb späteren Generationen vorbehalten; Ricardo begnügte sich damit, die Existenz von Handelsgewinnen anhand eines Zahlenbeispiels zu illustrieren. Und was für Ricardo genügte, mag auch im Rahmen dieses Lehrbuches genügen.

Der Aussagegehalt unseres Zahlenbeispiels ist allerdings mit der Illustration des Theorems der komparativen Vorteile noch nicht ausgeschöpft: Bisher wurde gezeigt, daß internationaler Handel die Menge der insgesamt verfügbaren Güter sowohl im Inland als auch im Ausland erhöht. Darüber hinaus läßt sich zeigen, wie der Handel die relativen Preise der verschiedenen Güter verändert. Dafür soll unterstellt werden, daß auf allen Märkten Wettbewerb herrscht, daß die Güterpreise also den Produktionskosten entsprechen.

Im Autarkie-Zustand war es in Portugal möglich, mit zwei Arbeitskräften entweder zwei Fässer Wein oder einen Ballen Tuch pro Jahr zu produzieren. Die Relation der Produktionskosten und damit auch die Relation der Absatzpreise von Wein und Tuch betrug also 1:2. In England dagegen konnten drei Arbeitskräfte entweder ein Faß Wein oder einen Ballen Tuch pro Jahr erstellen, d. h. die Preisrelation war 1:1. Wein war also in Portugal relativ billiger und Tuch relativ teurer als in England. Diese relativen Preise, die sich in einer Situation ohne Handel einstellen, werden als *Autarkie-Preise* bezeichnet. [1]

Bei Freihandel dagegen werden die relativen Preise der beiden Güter durch die exportierten und importierten Mengen bestimmt. In unserem Beispiel exportiert Portugal drei Fässer Wein und erhält dafür aus England zwei Ballen Tuch. Für Portugal ist es jetzt möglich geworden, im Austausch gegen Wein mehr Tuch zu erhalten, als es im Autarkie-Zustand möglich gewesen wäre; die neue Preisrelation beträgt 2:3. England dagegen kann jetzt mehr Wein für sein Tuch erhalten als bei Autarkie; auch dort gilt die neue Preisrelation 2:3. Während die Autarkie-Preise in den beiden Ländern unterschiedlich waren, sind die *Freihandels-Preise* in beiden Ländern gleich. Es

---

[1] Eine technische Anmerkung für Fortgeschrittene: Die von Ricardo getroffene Annahme über die Produktionstechnologie bedeutet, daß die Transformationskurven in Portugal und England keine Ecken wie in Schaubild C/12 oder Krümmungen wie in Schaubild C/13 aufweisen, sondern Geraden sind, deren Steigung jeweils von der Relation des benötigten Arbeitseinsatzes pro Gut abhängen. Wenn es nicht zur vollständigen Spezialisierung auf die Produktion eines Gutes kommt, muß unter diesen Bedingungen das inländische Preisverhältnis der Steigung der Transformationskurve entsprechen, die damit zugleich die Budgetgerade der inländischen Konsumenten darstellt.

dürfte einleuchtend sein, daß die Freihandelspreise stets zwischen den Autarkie-Preisen der verschiedenen Länder liegen müssen.

Genau diese Preisveränderungen geben den Anreiz dafür, die Möglichkeiten des internationalen Handels auch tatsächlich zu nutzen. Weil Portugal bei Freihandel einen höheren Preis für Wein erzielen kann als bei Autarkie, kommt es zur Spezialisierung dieses Landes auf den Weinbau. Entsprechend gibt die relative Verteuerung von Tuch in England den Anreiz zur Spezialisierung dieses Landes auf die Textilindustrie. Allgemein gesprochen ist internationaler Handel immer dann lohnend, wenn die Autarkie-Preise zwischen den beteiligten Ländern voneinander verschieden sind. Falls keine Handelsschranken bestehen, werden die Handelsbeziehungen solange intensiviert, bis die Preisunterschiede zwischen den Ländern abgebaut sind und überall die einheitlichen Freihandelspreise herrschen.[1]

Das Theorem der komparativen Vorteile stellt trotz seines ehrwürdigen Alters nach wie vor eine wichtige Basis der Außenhandelstheorie dar. Es ist zwar im Laufe der Zeit

---

[1] Eine beliebte Fangfrage aus der Außenhandelstheorie, lautet wie folgt: Wenn internationale Preisunterschiede den Anreiz zur Aufnahme des Handels bieten und wenn durch den Handel die Preisunterschiede beseitigt werden, weshalb bricht dann der Handel nach Beseitigung der Preisunterschiede nicht wieder zusammen? - Die Antwort lautet natürlich, daß sich bei einer Verringerung der Handelsströme sofort wieder Preisunterschiede einstellen würden, die es lohnend machen, den Handel auf das ursprüngliche Niveau auszudehnen.

vielfältig verfeinert und abgewandelt worden, doch seine Grundaussage, nach der Freihandel bei Wettbewerb allen beteiligten Ländern Vorteile bringt, ist bis heute unangefochten gültig.

II. Das Zwei-Güter-Modell mit Außenhandel

1. Wohlfahrtsgewinne durch Handel

Die Argumentation Ricardos läßt sich im Rahmen unseres Zwei-Güter-Modells auch grafisch darstellen. Dafür kann zunächst einmal an Schaubild C/15 angeknüpft werden, in dem das Marktgleichgewicht für eine Volkswirtschaft ohne internationalen Handel, d. h. für eine Wirtschaft im Autarkie-Zustand, dargestellt ist. Genau wie in Tabelle D/1 bei Autarkie Produktions- und Konsumstruktur identisch sind, fallen Produktions- und Konsumpunkt in Schaubild C/15 in einem Punkt zusammen. Dieser Punkt trägt in Schaubild D/1 die Bezeichnung a. Das im Inland herrschende Preisverhältnis bei Autarkie wird durch die Tangente P_A angegeben, die der Geraden B in Schaubild C/15 entspricht.

Nun sei angenommen, daß auf dem Weltmarkt Autos relativ teurer und Nahrungsmittel relativ billiger als im Inland sind. Dieses Preisverhältnis sei durch die Steigung der Geraden P_W gegeben. Wenn das Inland seine Grenzen für Im- und Exporte öffnet und von Autarkie zu Freihandel übergeht, wird sich der Produktionspunkt auf der Transformationskurve von a nach b verschieben, d. h. die Automobilindustrie expandiert, während die Landwirtschaft schrumpft.

Wären die Konsumenten gezwungen, ihren Konsumpunkt ebenfalls nach b zu verlagern, ginge es ihnen schlechter

Schaubild D/1 - Wohlfahrtsgewinne durch internationalen Handel

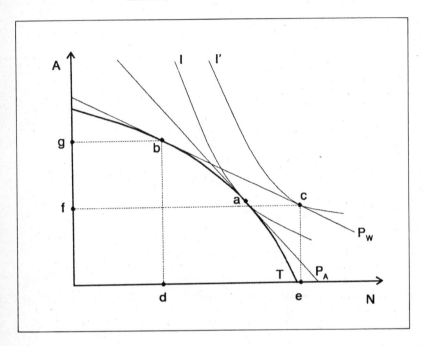

als bei Autarkie, denn b liegt unterhalb der Indifferenz-kurve I, auf der sie sich im Autarkiezustand befanden. Durch die Öffnung der Grenzen steht ihnen jedoch die Möglichkeit offen, einen Teil ihres Einkommens für Importe auszugeben. Ihre Konsummöglichkeiten bei Freihandel sind durch die Preisgerade P_W gegeben, die zugleich ihre Budgetgerade darstellt. Als Konsumpunkt werden sie c wählen, da in diesem Punkt eine Indifferenzkurve von P_W tangiert wird.

Bei Freihandel werden somit die Mengen g und d im Inland produziert sowie die Mengen f und e im Inland konsumiert. Dementsprechend werden die Menge fg an Autos exportiert und die Menge de an Nahrungsmitteln importiert. Der Wert der Exporte entspricht bei einer Preisgeraden von P_W genau dem Wert der Importe, so daß die Handelsbilanz ausgeglichen ist. Das Inland ist also in der Lage, seine Importrechnung mit den Exporterlösen zu bezahlen. [1]

Der wesentliche Unterschied zur Autarkie-Situation liegt darin, daß bei Freihandel Produktions- und Konsumpunkt nicht mehr zusammenfallen. Während die Konsumenten im Autarkie-Zustand mit ihren Konsummöglichkeiten nicht über die inländische Transformationskurve hinausgehen können, ermöglicht ihnen der Handel die Realisierung eines Konsumpunkts, der außerhalb der Transformationskurve liegt. Die Handelsgewinne für das Inland sind ablesbar an dem Nutzenzuwachs infolge des Übergangs von I nach I'. Da für alle am Handel beteiligten Länder ein Bild wie Schaubild D/1 gezeichnet werden kann, ist die Teilnahme am internationalen Handel auch für jedes dieser Länder vorteilhaft.

---

[1] Zur Vereinfachung werden wir hier und im folgenden nur Situationen analysieren, in denen Exporte und Importe eines Landes wertmäßig gleich sind. Die Allgemeingültigkeit der abgeleiteten Ergebnisse wird dadurch nicht beeinträchtigt.

2.　Sektorale Strukturpolitik mit Subventionen und Zöllen

Die Verschiebung des Produktionspunkts von a nach b in Schaubild D/1 macht deutlich, daß der Übergang von Autarkie zu Freihandel einen sektoralen Strukturwandel erfordert. Ein solcher Strukturwandel ist in der Regel mit vorübergehenden Anpassungsproblemen verknüpft, die oftmals den Ruf nach staatlicher Unterstützung für die vom Schrumpfen bedrohten Branchen laut werden lassen. In Schaubild D/1 ist es die Nahrungsmittelproduktion, die beim Übergang zu Freihandel unter Anpassungsdruck gerät. Diesen Druck kann der Staat durch

Schaubild D/2 - Wohlfahrtseffekte einer Subvention

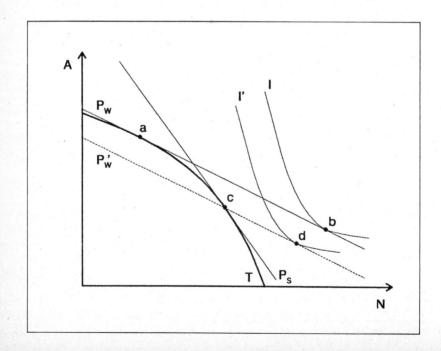

die Gewährung von Subventionen für die betroffene Branche oder durch die Behinderung des Imports von Nahrungsmitteln abmildern.

Zunächst zur Subventionspolitik: Nehmen wir an, bei Freihandel würde in Punkt a produziert und in Punkt b konsumiert (Schaubild D/2). Der Staat möchte aber erreichen, daß der Produktionspunkt c erreicht wird, in dem die inländische Nahrungsmittelproduktion größer ist als in a. Er zahlt dafür eine Subvention für die Produktion von N und finanziert diese Subvention durch eine Besteuerung von A, so daß sich die für die Produzenten maßgebliche Preisgerade von P_W auf P_S dreht. Für die Konsumenten allerdings gelten nach wie vor die Weltmarktpreise, die durch die Steigung von P_W gegeben sind. Den Konsumpunkt b können sie nicht mehr erreichen, da die im Inland produzierten Güter auf dem Weltmarkt nur noch einen Wert haben, der durch die Budgetgerade P'_W gegeben ist. Als neuen Konsumpunkt werden sie d wählen, der (je nach Lage der Indifferenzkurven) sowohl innerhalb als auch außerhalb von T liegen kann. In jedem Fall jedoch ist ihr Nutzenniveau in d geringer als in b, da I' unterhalb von I liegt.

Der Staat hat also die Stützung der strukturschwachen Branche erkauft mit einem gesamtwirtschaftlichen Wohlfahrtsverlust. Die in Punkt c produzierte Gütermenge hat auf dem Weltmarkt einen geringeren Wert als die in Punkt a produzierte Menge, so daß mit dem Einkommen, das durch die Inlandsproduktion entsteht, weniger Konsumgüter gekauft werden können als zuvor. Die Ursache

des Wohlfahrtsverlustes ist letztlich die Verzerrung der
Produzentenpreise durch die Subventionspolitik, die in
der Drehung der Preisgeraden von P_W auf P_S zum Ausdruck kommt. Da sich die Produzenten bei ihren Produktionsentscheidungen nicht mehr an den Weltmarktpreisen
orientieren, wählen sie auch nicht mehr den Produktionspunkt, mit dem auf dem Weltmarkt das höchste Einkommen zu erzielen wäre.

In einer international offenen Wirtschaft kann der Schutz
strukturschwacher Branchen auch durch die Behinderung
der Importe erfolgen. Dafür stehen vielfältige handelspo-
litische Instrumente zur Verfügung, die von der Erhebung eines Importzolls über die Festsetzung einer
Höchstmenge für den Import (Importquote) bis zur Ver-
hängung eines vollständigen Importverbots reichen. Auch
technische Normen und Standards oder Gesundheits- und
Sicherheitsvorschriften lassen sich zur Importbehinde-
rung mißbrauchen. Die Handelspolitiker haben sich in
dieser Hinsicht immer wieder als äußerst erfindungsreich
erwiesen. Im Rahmen unseres Zwei-Güter-Modells ist die
Wirkungsweise all dieser Maßnahmen jedoch recht ähnlich,
so daß wir uns auf die Analyse des klassischen handels-
politischen Instruments - des Importzolls - beschränken
wollen.

Auch bei dieser Analyse gehen wir zunächst von einer
Freihandelssituation als Referenzmaßstab aus. Wir nehmen
an, daß die inländische Wirtschaft bei Freihandel in
Punkt a produziert und in Punkt b konsumiert (Schaubild D/3). Die Weltmarktpreise und das den inländischen

Schaubild D/3 - Wohlfahrtseffekte eines Zolls

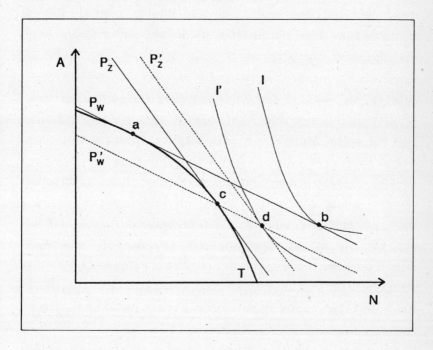

Konsumenten bei Freihandel verfügbare Budget sind wiederum durch P_W gegeben. Unter diesen Bedingungen wird unsere Wirtschaft Autos exportieren und Nahrungsmittel importieren.

Wird nun ein Zoll eingeführt, der beim Import von Nahrungsmitteln an den Staat gezahlt werden muß, werden diese Importgüter im Inland teurer. Infolgedessen können auch die inländischen Produzenten von Nahrungsmitteln höhere Preise auf dem heimischen Markt erzielen. Die Preisgerade wird also für sie von P_W nach P_Z gedreht, so daß sie den Produktionspunkt c wählen. Da der Zoll nur die im Inland herrschenden Preise, nicht aber die

Weltmarktpreise verändert, ergibt sich aus dem Einkommen, das bei der Produktion in Punkt c entsteht, ein Budget für die inländischen Konsumenten entsprechend der Geraden P'_W.

Anders als bei der in Schaubild D/2 dargestellten Subventionspolitik werden Nahrungsmittel infolge der Zollerhebung nicht nur für die inländischen Produzenten, sondern auch für die inländischen Konsumenten teurer. Deshalb treffen die Konsumenten ihre Konsumentscheidungen nicht anhand der relativen Weltmarktpreise, sondern anhand der im Inland herrschenden relativen Preise, wie sie in der Steigung der Geraden P_Z zum Ausdruck kommen. Sie wählen den Konsumpunkt d, in dem eine Indifferenzkurve von der Preisgerade P'_Z tangiert wird und der zugleich auf ihrer Budgetgeraden P'_W liegt.

Genau wie in den vorangegangenen Abschnitten stellt sich auch hier die Frage, welches wirtschaftspolitische Instrument das vorgegebene Ziel des Staates mit der geringsten Nutzeneinbuße für die Konsumenten erreichen läßt. Sowohl bei der Subventionspolitik als auch bei der Zollpolitik ist es das Ziel des Staates, den Produktionspunkt der heimischen Wirtschaft von a nach c zu verlagern (Schaubild D/2 und Schaubild D/3). In beiden Fällen wird das den Konsumenten zur Verfügung stehende Budget von P_W auf P'_W verringert. Bei der Subventionspolitik wählen sie den Konsumpunkt so, daß eine Indifferenzkurve von der Budgetgeraden tangiert wird, d.h. sie wählen den Punkt, der bei gegebenem Budget den höchstmöglichen Nutzen ergibt. Bei der Zollpolitik dagegen wird die Indifferenzkurve im Konsumpunkt von der Budgetgeraden P'_W geschnitten und nicht tangiert. Da sich die Konsumenten in dieser Situation nicht an den Weltmarktpreisen, sondern an den infolge des Zolls verzerrten Inlandspreise orientieren, realisieren sie nicht den auf P'_W maximal erreichbaren Nutzen.

Die Zollpolitik ist also der Subventionspolitik unterlegen, denn das vorgegebene wirtschaftspolitische Ziel wird mit einer unnötig hohen Nutzeneinbuße erkauft. Die unterschiedliche Belastung der Konsumenten ergibt sich daraus, daß durch die Subvention lediglich die Produzentenpreise, durch den Zoll dagegen sowohl die Produzenten- als auch die Konsumentenpreise verzerrt werden.

Die allgemeine Schlußfolgerung daraus lautet, wirtschaftspolitische Eingriffe in den Markt so auszugestalten, daß das angestrebte Ziel mit möglichst geringen Verzerrungen der relativen Preise erreicht wird. In der Sozial- und Steuerpolitik ergab sich aus dieser Maxime eine Bevorzugung von allgemeinen Transfers und Kopfsteuern; in der sektoralen Strukturpolitik ergibt sich eine Bevorzugung von Subventionen gegenüber handelsbeschränkenden Maßnahmen.

Kapitel E
Warum ändert sich die Wirtschaftsstruktur im Wachstumsprozeβ?

I. Das Engel'sche Gesetz

Im vorigen Jahrhundert war in Deutschland weit mehr als die Hälfte aller erwerbstätigen Personen in der Landwirtschaft beschäftigt. Noch im Jahre 1950 betrug dieser Anteil in der damaligen Bundesrepublik rund ein Viertel, während er bis heute auf nicht einmal mehr fünf Prozent zurückgegangen ist. Wie ist dieser drastische Schrumpfungsprozeß zu erklären, wo doch die Menschen heute nicht wesentlich weniger essen als früher und die Nahrungsmittelproduktion in Deutschland einen bisher unerreichten Höchststand erzielt hat?

Die grundlegende Antwort auf diese Frage wurde bereits im Jahre 1857 von dem Statistiker Ernst Engel gegeben, der die Hypothese aufstellte, daß der prozentuale Anteil der Ausgaben für Ernährung an den gesamten Konsumausgaben mit steigendem Einkommen kontinuierlich zurückgeht. Diese Hypothese wird als das *Engel'sche Gesetz* bezeichnet. Der Anteilsverlust der Ernährungsausgaben bedeutet allerdings nicht, daß absolut weniger Nahrungsmittel gekauft würden, sondern lediglich, daß die Ausgaben für Nahrungsmittel langsamer steigen als die Ausgaben für andere Güter.

In ärmeren Regionen kommt der Sicherung der Ernährung eine zentrale Rolle zu; ein Großteil der verfügbaren Arbeitskräfte wird dort dazu benötigt, die zur Befriedigung dieses Grundbedürfnisses erforderlichen Güter herzustellen. Wenn im Zuge der wirtschaftlichen Entwicklung der Wohlstand der Bevölkerung steigt, treten jedoch andere Konsumwünsche in den Vordergrund, so daß die Ausgaben für Nahrungsmittel relativ gesehen an Bedeutung verlieren. Dies hängt sicherlich auch damit zusammen, daß den Möglichkeiten des Menschen, Nahrungsmittel zu konsumieren, physische Grenzen gesetzt sind.

Eine Branche wie die Landwirtschaft, deren Absatzmöglichkeiten langsamer wachsen als die anderer Branchen, steht bei steigendem Wohlstand also unter permanentem Anpassungsdruck. Am gesamtwirtschaftlichen Wachstum ist sie nur unterproportional beteiligt, und je rascher die Wirtschaft wächst, desto rascher geht ihr Anteil an der gesamtwirtschaftlichen Produktion zurück. Damit bietet sie auch immer weniger Menschen ein angemessenes Einkommen, so daß der Rückgang in den Produktionsanteilen von einem Abbau der Arbeitsplätze in der betreffenden Branche begleitet wird.

Vor einem ähnlichen Schicksal stehen heute diejenigen Branchen, die industrielle Rohstoffe produzieren; das sind vor allem der Kohlenbergbau und die Stahlindustrie. Aufgrund der technologischen Entwicklung geht der Rohstoffgehalt von Industriewaren laufend zurück, da diese Waren fortwährend kleiner und leichter werden. Der Bergbau und die Stahlindustrie stehen damit vor ähnli-

chen langfristigen Strukturproblemen wie die Landwirtschaft und müssen sich auf einen trendmäßigen Rückgang
ihrer gesamtwirtschaftlichen Bedeutung einrichten.

Von diesen Strukturverschiebungen profitieren vor allem
jene Branchen, die neue Produkte anbieten und die damit
in der Lage sind, zusätzliche Nachfrage auf sich zu ziehen. Beispiele dafür aus jüngster Zeit sind die Unterhal-
tungselektronik, die Herstellung von EDV-Geräten oder
die Biotechnologie. Es ist allerdings kaum möglich, auf
der Grundlage derartiger Überlegungen verläßliche Prog-
nosen über die künftigen Entwicklungschancen einzelner
Branchen abzugeben. Welche Branchenstruktur für eine
Volkswirtschaft angemessen ist, läßt sich nicht am grü-
nen Tisch planen, sondern muß im Wettbewerbsprozeß
durch den Markt herausgefunden werden.

Ein anschauliches Beispiel dafür, wie fehlerhaft Bran-
chenprognosen sein können, liefert das *Schwabe'sche Gesetz.* Hermann Schwabe hatte im Jahre 1868 die Hypothese aufgestellt, daß der prozentuale Anteil der Ausgaben
für Wohnen an den gesamten Konsumausgaben mit steigendem Einkommen kontinuierlich zurückgeht. Dahinter
standen ähnliche Überlegungen wie beim Engel'schen Gesetz, d. h. Schwabe ging davon aus, daß niemand mehr
als eine Wohnung benötigt und daß deshalb die Nachfrage
in diesem Bereich früher oder später an Sättigungsgren-
zen stoßen würde. Im Gegensatz zum Engel'schen Gesetz
hat sich das Schwabe'sche Gesetz jedoch empirisch nicht
bestätigt, d. h. die Wohnungsausgaben sind im Zuge des
wirtschaftlichen Entwicklungspozesses anteilmäßig nicht
zurückgegangen.

Es sind aber nicht nur einzelne Branchen aus der Industrie, denen sich neue Expansionschancen bieten oder die im Zeitverlauf unter Anpasssungsdruck geraten, sondern der gesamte industrielle Sektor verliert in hochentwickelten Ländern relativ an Bedeutung. Der Gewinner dieser Entwicklung ist der Dienstleistungssektor, auf den in einer wachsenden Wirtschaft ein ständig steigender Teil der Konsumausgaben entfällt und der den in der Industrie freigesetzten Arbeitskräften neue Beschäftigungsmöglichkeiten bietet. Auch innerhalb des Dienstleistungssektors verläuft die Entwicklung zwischen verschiedenen Branchen differenziert, doch das Grundmuster eines tendenziellen Wandels von der Industrie zu den Dienstleistungen ist in den meisten hochentwickelten Ländern deutlich erkennbar. Um die Ursachen dieses Strukturwandels aufzeigen zu können, sollen die Konsequenzen wirtschaftlichen Wachstums im Rahmen unseres vertrauten Zwei-Güter-Modells analysiert werden.

II. Von der Industrie- zur Dienstleistungsgesellschaft

1. Produktivitäts-Bias

Die wichtigste Quelle wirtschaftlichen Wachstums ist der technische Fortschritt. Durch die Einführung neuer Technologien wird es möglich, mehr Güter oder bessere Güter als zuvor mit unverändertem Arbeitseinsatz zu produzieren. Sichtbaren Ausdruck findet der technische Fortschritt in dem Anstieg der *Arbeitsproduktivität*, die als Quotient aus Produktion und Arbeitseinsatz definiert ist. [1]

Die technischen Möglichkeiten zur Produktivitätssteigerung sind jedoch nicht in allen Wirtschaftsbereichen gleich. Industrielle Tätigkeiten sind in der Regel leichter zu mechanisieren und automatisieren als Dienstleistungstätigkeiten. In der Phonoindustrie beispielsweise lassen sich vielfältige neue Produktionsverfahren einführen, mit denen die Zahl der pro Arbeitsstunde gefertigten Schallplatten, Casetten oder CD's erhöht werden kann. Die Produktivität eines Sinfonieorchesters dagegen kann

---

[1] Nicht jeder Anstieg der Arbeitsproduktivität allerdings ist auf technischen Fortschritt zurückzuführen. Die Arbeitsproduktivität wird beispielsweise auch dann steigen, wenn bei unveränderter Technologie die vorhandenen Arbeitsplätze mit mehr Maschinen und anderen Kapitalgütern ausgestattet werden als zuvor, d. h. wenn die Kapitalintensität steigt. Empirische Untersuchungen haben aber immer wieder gezeigt, daß der überwiegende Teil des Produktivitätsfortschritts auf den Einsatz neuer Technologien zurückzuführen ist.

nicht dadurch gesteigert werden, daß sinfonische Werke nur noch mit halber Besetzung oder in doppelter Geschwindigkeit aufgeführt werden.

Nicht in allen Dienstleistungsbereichen sind die Möglichkeiten zur Produktivitätssteigerung so gering wie bei Kunst und Kultur, und nicht alle Industriebranchen haben so große technische Möglichkeiten wie die Phonoindustrie. Zahlreiche empirische Untersuchungen haben jedoch immer wieder bestätigt, daß die Arbeitsproduktivität im industriellen Sektor im Durchschnitt deutlich rascher steigt als im Dienstleistungssektor. Dieser Unterschied im sektoralen Produktivitätsfortschritt wird als *Produktivitäts-Bias* bezeichnet.

Im Rahmen unseres Zwei-Güter-Modells ist die Erhöhung der Produktivität gleichbedeutend mit einer Verschiebung der Transformationskurve nach außen, denn mit den in einer Volkswirtschaft verfügbaren Produktionsfaktoren lassen sich bei höherer Produktivität mehr Güter produzieren als vorher - die Produktionsmöglichkeiten nehmen also zu. Wenn die Produktivität in allen Sektoren gleichmäßig stiege, würde sich auch die Transformationskurve gleichmäßig nach außen verschieben. Gibt es jedoch einen Produktivitäts-Bias zugunsten der Industrie, nehmen die Produktionsmöglichkeiten bei Industriewaren stärker zu als bei Dienstleistungen; es kommt zu einer asymmetrischen Verschiebung der Transformationskurve.

Eine derartige Verschiebung der Transformationskurve ist in Schaubild E/1 dargestellt. Die Kurve T_1 gibt die

Produktionsmöglichkeiten einer Volkswirtschaft im Aus-
gangszustand an; die Kurve T_2 zeigt die erhöhten Produktionsmöglichkeiten zu einem späteren Zeitpunkt nach
der Einführung neuer Technologien. Die stärkere Ausdehnung der Produktionsmöglichkeiten bei Industriewaren
ist Ausdruck des Produktivitäts-Bias.

Um die Argumentation und die grafische Darstellung einfach zu halten, werden internationale Handelsströme in
diesem Kapitel nicht berücksichtigt. Schaubild E/1 zeigt
also eine geschlossene Wirtschaft, deren Märkte nur im
Gleichgewicht sind, wenn Produktions- und Konsumstruktur übereinstimmen. Wie sich nun die sektorale

Schaubild E/1 - Struktureffekt des Produktivitäts-Bias

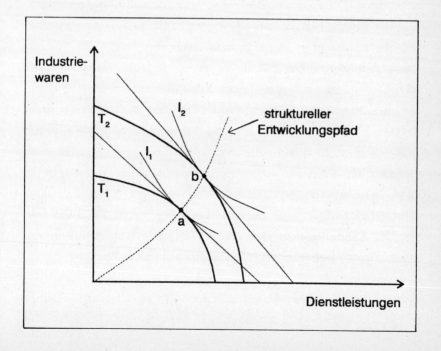

Wirtschaftsstruktur bei der Einführung neuer Technologien ändert, hängt natürlich nicht nur von der Art der Verschiebung der Transformationskurve ab, sondern auch von der Form der Indifferenzkurven, denn eine Änderung der Produktionsstruktur ist in einer geschlossenen Wirtschaft nur möglich, wenn sich die Nachfragestruktur entsprechend ändert. D. h. der Strukturwandel wird sowohl von der Angebotsseite als auch von der Nachfrageseite beeinflußt.

Um die Auswirkungen einer Verschiebung der Transformationskurve in aller Reinheit darzustellen, wollen wir in diesem Abschnitt zunächst davon ausgehen, daß von der Nachfrageseite her keine Veränderungen der Sektorstruktur ausgehen. Dafür nehmen wir an, daß die verschiedenen Indifferenzkurven, die jeweils unterschiedliche Nutzenniveaus der Konsumenten anzeigen, symmetrisch zueinander liegen, und zwar so, daß die Anteile der nachgefragten Mengen von Industriewaren und Dienstleistungen unverändert bleiben, wenn sich die relativen Preise zwischen diesen beiden Güterarten nicht ändern.[1] Bei einer derartigen Form der Indifferenzkurven wird sich durch die Verschiebung der Transformationskurve von T_1 auf T_2 der Anteil der Industrie an der gesamtwirtschaftlichen Produktion erhöhen. Der Strukturwandel, der beim Übergang von Produktions- und Konsumpunkt a zum Punkt b auftritt, ist allein auf Veränderungen der Angebotsseite zurückzuführen, da

---

[1] Der Ökonom spricht in diesem Fall von homothetischen Präferenzen. Diesen Fachbegriff muß sich aber niemand merken, der nicht Volkswirtschaft studieren will.

Struktureffekte der Nachfrageseite bei dieser Darstellung per Annahme ausgeschlossen wurden.

Als erstes Ergebnis kann somit festgehalten werden, daß ein Produktivitäts-Bias zugunsten der Industrie für sich genommen bewirkt, daß es im Wachstumsprozeß zu einer Verschiebung der Produktionsanteile von den Dienstleistungen zur Industrie gibt. Darüber hinaus ist in Schaubild E/1 erkennbar, daß dabei Industriewaren gegenüber Dienstleistungen relativ billiger werden. Ohne diese Preisänderung wären die Konsumenten in unserem Schaubild nicht bereit, mehr Industriewaren und weniger Dienstleistungen nachzufragen. Der Produktivitäts-Bias allein liefert also noch keine Erklärung dafür, weshalb der tatsächlich beobachtete Strukturwandel in hochentwickelten Ländern von der Industrie zu den Dienstleistungen verläuft.

2. Nachfrage-Bias

Die im vorangegangenen Abschnitt getroffene Annahme, daß sich die Nachfragestruktur bei steigendem Einkommen nicht ändert, falls sich die relativen Güterpreise nicht ändern, ist nicht sehr realistisch. Wessen Einkommen steigt, der fragt in der Regel nicht nur mehr, sondern auch andere Güter nach als bei niedrigerem Einkommen. Wenn die Haushalte erst einmal über eine gewisse Grundausstattung an Industriewaren verfügen, sind es vor allem Dienstleistungen, für die das zusätzliche Einkommen ausgegeben wird. Dafür gibt es vielfältige Gründe:

Erstens stellen viele Familien ihre Ausgaben für Dienstleistungen solange zurück, bis sie eine Grundausstattung mit langlebigen Industriewaren erreicht haben (Waschmaschine, Fernsehgerät, Auto etc.). Wenn dieser Bedarf gedeckt ist, werden zusätzliche Industriewaren nur noch dann angeschafft, falls technisch verbesserte oder völlig neuartige Produkte auf den Markt kommen. Der Teil des Einkommens, der dafür nötig ist, wird aber immer geringer. Damit bleibt mehr Geld übrig, um sich die zunächst zurückgestellten Dienstleistungswünsche zu erfüllen.

Zweitens gehen wirtschaftliches Wachstum und steigendes Einkommen in der Regel mit einer Zunahme der Freizeit einher. Viele Freizeitaktivitäten sind aber mit der Inanspruchnahme von Dienstleistungen verbunden, etwa im Bereich der Gastronomie, des Tourismus oder des Personenverkehrs. Auch die verschiedenen Institutionen der Erwachsenenbildung oder des Kulturbetriebes profitieren von der Zunahme der Freizeit.

Drittens nimmt mit dem Einkommen auch das Vermögen zu, da aus höherem Einkommen mehr gespart wird als aus niedrigem Einkommen. Wer ein größeres Vermögen besitzt, fragt in verstärktem Maße Finanzdienstleistungen der Banken nach, um sein Vermögen günstig anzulegen. Außerdem wird er auch mehr Versicherungsverträge abschließen, um sich vor dem Verlust des Vermögens zu schützen.

Viertens geht die verstärkte Erwerbsbeteiligung von Frauen mit einer zunehmenden Nachfrage nach Dienstleistungen einher. Wenn die ehemalige Hausfrau berufstätig geworden ist, wird weniger zuhause gekocht und mehr im Restaurant oder in der Kantine gegessen, wird die Wäsche in die Reinigung gebracht, werden die Fenster von der Reinigungsfirma geputzt. Auch die Pflege älterer Personen wird bei zunehmender Erwerbstätigkeit der Frauen mehr und mehr aus den privaten Haushalten in den Dienstleistungssektor verlagert.

Fünftens schließlich wird bei steigendem Wohlstand ein wachsender Teil des Einkommens für Gesundheitsdienstleistungen ausgegeben. Je mehr Krankheiten infolge des medizinisch-technischen Fortschritts heilbar werden, desto zahlreicher und aufwendiger werden die Behandlungen, denen sich der einzelne im Laufe seines Lebens unterzieht. [1]

All diese Faktoren tragen dazu bei, daß bei steigendem Einkommen die Nachfrage nach Dienstleistungen überproportional zunimmt. Die im Wachstumsprozeß auftretende tendenzielle Verlagerung der Nachfrage zum Dienstleistungssektor wird als *Nachfrage-Bias* bezeichnet. Empirisch ist die Existenz dieses Bias nicht so gut abgesichert wie die des oben diskutierten Produktivitäts-Bias,

---

[1] Der scheinbar unaufhaltsame Kostenanstieg im Gesundheitswesen hat allerdings auch andere Ursachen, die vorwiegend damit zusammenhängen, daß die Krankheitskosten nicht unmittelbar dem Patienten zugerechnet, sondern auf alle Beitragszahler seiner Krankenversicherung verteilt werden.

da es ungleich schwerer ist, Unterschiede in der Form
von Indifferenzkurven zu messen als Unterschiede von
Transformationskurven. Doch die meisten dazu vorliegenden Untersuchungen weisen darauf hin, daß der Nachfrage-Bias eine wichtige Rolle bei der Erklärung von Struk-
turveränderungen spielt.

In Schaubild E/2 sind die Auswirkungen eines Nachfrage-Bias zugunsten der Dienstleistungen auf die Veränderung der sektoralen Wirtschaftsstruktur im Wachstumsprozeß dargestellt. Die Indifferenzkurven sind so gezeichnet, daß der Anteil der Dienstleistungen an der
Menge der insgesamt konsumierten Güter bei I_2 auch
dann höher ist als bei I_1, wenn sich die relativen Preise
zwischen Industriewaren und Dienstleistungen nicht ändern. Um die Auswirkungen dieses Nachfrageeffekts isoliert betrachten zu können, ist unterstellt, daß bei der
Verlagerung der Transformationskurve nach außen kein
Produktiviäts-Bias auftritt, d. h. die Produktionsstruktur
bleibt beim Übergang von T_1 auf T_2 unverändert, wenn
sich die relativen Preise nicht ändern.

Aufgrund der asymmetrischen Lage der Indifferenzkurven steigt der Anteil der Dienstleistungen an der insgesamt konsumierten Gütermenge an, wenn die Wirtschaft
wächst und sich der Produktions- und Konsumpunkt von
a nach b verlagert. Der Struktureffekt bei den Güter-
mengen ist also im Fall des Nachfrage-Bias genau entge-
gengesetzt zum Fall des Produktivitäts-Bias.

Schaubild - E/2 Struktureffekt des Nachfrage-Bias

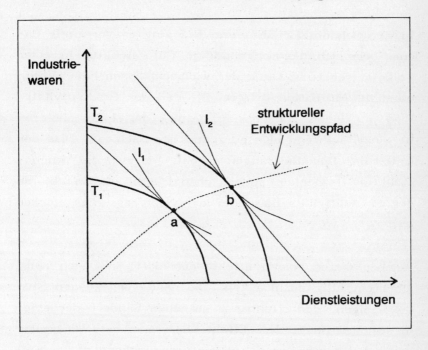

In ihren Auswirkungen auf die relativen Preise dagegen gleichen sich der Nachfrage-Bias und der Produktivitäts-Bias. Beide führen dazu, daß sich Dienstleistungen im Zuge der wirtschaftlichen Entwicklung relativ gegenüber Industriewaren verteuern. Von der Gültigkeit dieser Aussage können Sie sich leicht überzeugen, indem Sie bei einer Reise in ärmere Länder die Preisrelation zwischen Industriewaren und Dienstleistungen mit der entsprechenden Preisrelation in der Bundesrepublik vergleichen.

III. Wandel der Beschäftigtenstruktur

In den Schaubildern E/1 und E/2 ging es vorrangig darum, wie sich die mengenmäßige Güterstruktur in einer Volkswirtschaft im Laufe der wirtschaftlichen Entwicklung wandelt. Wir hatten festgestellt, daß der Produktivitäts-Bias auf einen zunehmenden Anteil der Industriewaren hinwirkt, während sich aufgrund des Nachfrage-Bias der Anteil der Dienstleistungen erhöht. Wie sich die Mengenstruktur tatsächlich ändert, hängt somit davon ab, ob der Produktivitäts-Bias oder der Nachfrage-Bias stärker ist.

Welcher dieser beiden Effekte dominiert, läßt sich nicht allgemeingültig beantworten. Die dazu vorliegenden Studien zeigen, daß offenbar in manchen Ländern der eine, in manchen der andere Effekt überwogen hat. Wir wollen daher bei der weiteren Analyse vereinfachend davon ausgehen, daß sich diese beiden Effekte gerade die Waage halten, daß also die Mengenrelation zwischen Industriewaren und Dienstleistungen im Wachstumsprozeß konstant bleibt (Schaubild E/3). [1]

Eine konstante Relation der Produktionsmengen bedeutet jedoch nicht, daß auch die Relation der Produktionswerte (Menge x Preis) konstant bleiben muß. In Punkt b des Schaubildes E/3 ist zwar der Anteil des Dienstleistungssektors an den insgesamt produzierten Mengen genauso

---

[1] Aus Gründen der Übersichtlichkeit sind in diesem Schaubild die zugehörigen Transformations- und Indifferenzkurven nicht eingezeichnet worden.

Schaubild E/3 - Relative Preisänderung bei konstanter Mengenstruktur

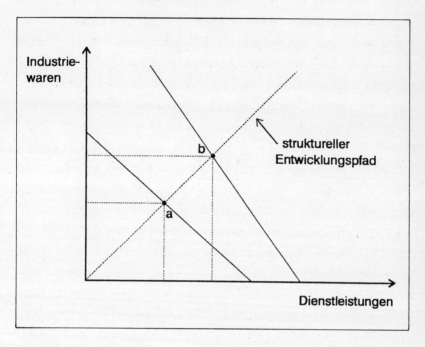

hoch wie in Punkt a, aber sein Anteil an den Produktionswerten ist höher, da Dienstleistungen in Punkt b relativ zu Industriewaren teurer sind als in Punkt a. Wenn also die Mengenstruktur im Wachstumsprozeß konstant bleibt und der relative Preis von Dienstleistungen steigt, nimmt der Anteil des Dienstleistungssektors an den produzierten Werten laufend zu.

Veränderungen in der wertmäßigen Produktionsstruktur sind vor allem deshalb relevant, weil die Frage, wieviele Personen im Industrie- oder im Dienstleistungssektor einen Arbeitsplatz finden, vor allem von den Produktionswerten und weniger von den Produktionsmengen ab-

hängt. Dies liegt daran, daß die Höhe der Produktionswerte zugleich die Höhe der Einkommen bestimmt, die in
dem betreffenden Wirtschaftssektor zu verdienen sind.
Wenn sich die Einkommen pro Arbeitsplatz in der Industrie und im Dienstleistungssektor nicht unterscheiden,
entspricht der Anteil der in einem Sektor erzielten Einkommen genau dem Anteil der in diesem Sektor beschäftigten Arbeitskräfte.

Tatsächlich sorgt die Konkurrenz auf dem Arbeitsmarkt
dafür, daß sich die Löhne in der Industrie nicht allzu
weit von denen im Dienstleistungssektor entfernen können. Lohnunterschiede zwischen den Sektoren veranlas-
sen Arbeitskräfte dazu, aus dem Niedriglohnsektor in
den Hochlohnsektor hinüberzuwechseln. Die sektorale Mo-
bilität der Arbeitskräfte bewirkt also eine Nivellierung
der sektoralen Lohnstruktur. Wenn dieser Ausgleichsme-
chanismus funktioniert, wird die Veränderung der sektoralen Beschäftigungsstruktur maßgeblich von der Veränderung der sektoralen Anteile an den Produktionswerten
bestimmt. Dies ist die Erklärung dafür, weshalb in hochentwickelten Ländern der Anteil des Dienstleistungssektors an der gesamtwirtschaftlichen Beschäftigung tendenziell steigt.

Insgesamt gesehen kann die These vom Wandel der Indu-
striegesellschaft zur Dienstleistungsgesellschaft also nur
so verstanden werden, daß im Zuge der wirtschaftlichen
Entwicklung ein ständig steigender Teil der Produktionswerte im Dienstleistungssektor erbracht wird und daß
damit in diesem Sektor die größten Chancen für die

Schaffung zusätzlicher Arbeitsplätze bestehen. Wenn der industrielle Sektor schrumpft, so ist damit keineswegs ausgemacht, daß auch der mengenmäßige Anteil der Industrieproduktion zurückgeht. Der relative Schrumpfungsprozeß ist vor allem Ausdruck einer Verbilligung von Industriewaren, die eine Verlagerung von Arbeitsplätzen aus dem industriellen Sektor zum Dienstleistungssektor nach sich zieht.

Es sei zugegeben, daß diese Argumentation ohne das hier verwendete Instrumentarium nur schwer nachvollziehbar ist. Von vielen Wirtschaftspolitikern wird der Strukturwandel zugunsten der Dienstleistungen denn auch immer wieder gleichgesetzt mit einer "De-Industrialisierung", die als bedrohliche Erosion der industriellen Basis unserer Wirtschaft angesehen wird. Die sektorale Strukturpolitik wird dementsprechend immer wieder dazu eingesetzt, das Schrumpfen des industriellen Sektors bei den Produktionswerten und der Beschäftigung hinauszuzögern, ohne zu bedenken, daß dadurch die Schaffung rentabler Arbeitsplätze im Dienstleistungssektor behindert wird. Welche gesamtwirtschaftlichen Wohlfahrtswirkungen bei einer Subventionierung von Industriewaren zu Lasten von Dienstleistungen eintreten, kann der Leser, der das Buch bis hierher durchgearbeitet hat, anhand einer Drehung der Preisgeraden in Schaubild E/3 sicherlich selbst beurteilen.

Kapitel F
Handelt die Wirtschaftspolitik im Interesse des Gemeinwohls?

Die bisher präsentierten Analysen zur Wirtschaftspolitik konzentrierten sich darauf, welche Art von Markteingriffen gewählt werden sollte, damit der Staat ein bestimmtes Ziel auf effiziente Weise, d. h. mit möglichst geringen gesamtwirtschaftlichen Wohlfahrtsverlusten, erreichen kann. Offengeblieben ist, wie realistisch eigentlich die Erwartung ist, daß sich die Wirtschaftspolitik am ökonomischen Effizienzkriterium orientiert. Abweichungen vom Optimum, die sich bei der praktischen Durchführung der Wirtschaftspolitik ergeben können, werden in der ökonomischen Theorie der Politik sowie in der Spieltheorie analysiert.

I. Ökonomische Theorie der Politik

In der ökonomischen Theorie der Politik geht es um die Frage, ob die Regierung eines Landes tatsächlich die Ziele verfolgt, die wir ihr in den vorangegangenen Abschnitten unterstellt haben. Wir waren stets davon ausgegangen, daß die Regierung völlig uneigennützig handelt und nur das Gemeinwohl im Auge hat. Der Staat ist in diesen Analysen gleichsam der *wohlmeinende Sozialplaner*, der nur das Wohlergehen seiner Bürger fördern will und keine eigenen Interessen verfolgt. In der Realität dagegen wird staatliches Handeln von Menschen ausgeführt, und es wäre mehr als erstaunlich, wenn diese Menschen völlig frei von Eigennutz wären. Auf drei Arten von Problemen, die sich daraus für die Wirtschaftspolitik ergeben, wird im folgenden eingegangen.

1. Das Capture-Problem

Auch wenn die politische Verantwortung für staatliche Markteingriffe letztlich bei den Regierungschefs liegt, werden die konkreten wirtschaftspolitischen Maßnahmen doch zumeist in den einzelnen Fachreferaten der Ministerien oder in anderen mehr oder weniger spezialisierten staatlichen Behörden getroffen. Kein Kanzler und kein Minister ist in der Lage, den gesamten Bereich der Wirtschaftspolitik in allen Einzelheiten zu überblicken. Sie müssen sich daher auf ihre mit den Detailproblemen vertrauten Mitarbeiter verlassen und Verantwortung delegieren.

Die Gefahr ist nicht zu verkennen, daß diesen Spezialisten wiederum der Gesamtüberblick fehlt. Wer beispielsweise als Fachreferent in einem Ministerium über viele Jahre hinweg Subventionsprogramme für einen bestimmten Wirtschaftszweig betreut, wird sich möglicherweise im Laufe der Zeit immer stärker mit dem betreffenden Wirtschaftszweig identifizieren und das gesamtwirtschaftliche Interesse schlicht mit dem Interesse dieses Wirtschaftszweigs gleichsetzen. Er wird also zunehmend von Partikularinteressen vereinnahmt (captured). Nach dieser *Capture-Theorie,* die unter anderem von Richard Posner (1974) entwickelt wurde, dienen staatliche Markteingriffe oftmals allein den direkt begünstigten Wirtschaftszweigen und werden auch dann fortgeführt, wenn sie gesamtwirtschaftlich mehr schaden als nützen.

Ein derartiges Verhalten des Staates wird dadurch begünstigt, daß die persönlichen Karrierechancen des Beamten vom Fortbestand eines speziellen Förderprogramms abhängen können. Wenn beim Wegfall des Programms auch der Wegfall des entsprechenden Fachreferats im Ministerium droht, wird dieses Fachreferat auch solche Subventionsprogramme verteidigen, die aus gesamtwirtschaftlicher Sicht besser gestrichen werden sollten. Anderen Fachreferaten oder übergeordneten Instanzen fehlt oftmals die Sachkompetenz, die nötig wäre, um sich gegen das betroffene Fachreferat durchsetzen zu können.

Dabei muß es nicht unbedingt Eigennutz sein, der die Fachreferenten zum Verteidigen gesamtwirtschaftlich schädlicher Politikmaßnahmen bewegt. Auch sie sind bei ihren Entscheidungen auf Sachinformationen angewiesen, die häufig nur von den begünstigten Unternehmen selbst zu erhalten sind. Wenn beispielsweise eine Subvention gewährt wird, um den Verlust einer bestimmten Zahl von Arbeitsplätzen in einer Industrie zu verhindern, so können meist nur die in dieser Industrie tätigen Unternehmen selbst beurteilen, ob diese Arbeitsplätze ohne die Subvention tatsächlich unrentabel würden oder ob die Arbeitsplätze nicht auch trotz Subventionierung abgebaut werden. Wenn die Regierung nicht in der Lage ist, den Informationsvorteil der Unternehmen auszugleichen, wird sie möglicherweise Maßnahmen ergreifen, von denen sie glaubt, sie seien im öffentlichen Interesse, während sie tatsächlich allein den direkt Begünstigten nützen.

2. Der budgetmaximierende Bürokrat

Während die Regierungsbeamten in der Capture-Theorie immerhin noch als wohlmeinend, aber als irregeleitet erscheinen, unterstellt William Niskanen (1971) den staatlichen Handlungsträgern strikten Eigennutz. Er geht davon aus, daß das Einkommen von Staatsangestellten nicht von ihrem Beitrag zur gesamtwirtschaftlichen Wohlfahrt abhängt, sondern von der Zahl ihrer Untergebenen und dem Umfang an Haushaltsmitteln, die sie zu verwalten haben. Diese Annahme deckt sich tatsächlich weitgehend mit den Besoldungsvorschriften für den öffentlichen Dienst. Als oberstes Ziel unterstellt Niskanen dem Bürokraten daher die Maximierung des von ihm verwalteten Budgets.

Darüber hinaus nimmt er an, nur der für einen bestimmten Bereich zuständige Bürokrat habe die Möglichkeit, über die konkrete Ausgestaltung eines Förderprogramms zu entscheiden, da anderen Mitgliedern der Regierung die dafür nötigen Informationen fehlen. Sie haben nur die Möglichkeit, das von dem budgetmaximierenden Bürokraten vorgeschlagene wirtschaftspolitische Programm entweder als Paket zu akzeptieren oder komplett abzulehnen. Auf diese Weise können Programme durchgesetzt werden, auf die zwar niemand vollständig verzichten will, die aber im Interesse des Gemeinwohls mit geringeren finanziellen Mitteln ausgestattet werden sollten.

Schaubild F/1 - Budgetmaximierung

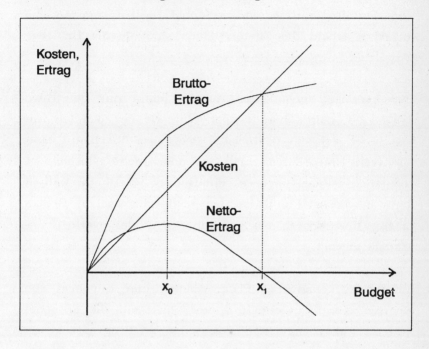

Grafisch läßt sich das Niskanen-Modell wie folgt veranschaulichen (Schaubild F/1): Auf der horizontalen Achse
wird das vom Bürokraten verwaltete Budget abgetragen,
d. h. die Höhe der Staatsausgaben für ein bestimmtes
wirtschaftspolitisches Programm. An der vertikalen Achse
werden die Kosten und die Erträge dieses Programms gemessen. Die Kosten entsprechen genau der Höhe des
Budgets, lassen sich also als Gerade darstellen, die
durch den Ursprung verläuft. Es wird unterstellt, daß
die Brutto-Erträge für die Gesamtwirtschaft (die Erträge
ohne Berücksichtigung der Staatsausgaben) mit zunehmender Höhe des Budgets ansteigen, aber mit abnehmen-
der Rate. Die Netto-Erträge für die Gesamtwirtschaft er-

geben sich als Differenz zwischen den Brutto-Erträgen und den Kosten; sie sind zunächst positiv, werden aber negativ, sobald die Kosten höher sind als die Bruttoerträge.

Den genauen Verlauf der Kurven kennt nur der Bürokrat; die politischen Entscheidungsträger können nur feststellen, ob ein bestimmtes Programm überhaupt einen positiven Netto-Ertrag erbringt oder nicht. Gesamtwirtschaftlich optimal wäre es, ein Budget von x_o zu wählen, denn in diesem Punkt ist der Abstand zwischen Brutto-Ertrag und Kosten am größten, d.h. der Netto-Ertrag wird maximiert.

Ein derart bemessenes Programm legt der Bürokrat aber gar nicht zur Entscheidung vor. Er stellt die Entscheidungsträger vor die Wahl, entweder ein Programm zu akzeptieren, das mit einem geringfügig geringeren Budget als x_1 ausgestattet ist, oder vollständig auf das Programm zu verzichten. Unter diesen Bedingungen wird dann ein Programm beschlossen, das aus gesamtwirtschaftlicher Sicht weit überdimensioniert ist.

Wenn sich alle Staatsangestellten wie der budgetmaximierende Bürokrat verhalten, so hat dies zwei Konsequenzen:

- Erstens sind die Staatsausgaben und damit auch die Steuerbelastungen höher, als sie es zur Erfüllung der wirtschaftspolitischen Ziele der Regierung sein müßten.

- Zweitens ist der gesamtwirtschaftliche Nettoertrag der Staatstätigkeit nahezu null, da die möglichen positiven Effekte staatlicher Maßnahmen durch die Überdimensionierung der dafür bereitgestellten Budgets weitgehend wieder aufgezehrt werden.

Schützen können sich die politischen Entscheidungsträger dagegen nur, indem sie das Informationsmonopol des Bürokraten brechen, d. h. sie müssen sich aus unabhängigen Quellen darüber informieren, wie der genaue Kurvenverlauf in Schaubild F/1 ist, um ein Budget in Höhe von x_o festsetzen zu können.

3. Lobbytätigkeit

Die Unternehmen, die von den staatlichen Fördermaßnahmen profitieren, sind bislang eher im Hintergrund geblieben. Sie waren in den bisher vorgestellten Analysen zwar betroffen von den wirtschaftspolitischen Entscheidungen, nahmen selbst aber keinen Einfluß darauf. Diese Annahme ist sicherlich nicht sehr realistisch. Selbst wenn man einmal von der Möglichkeit absieht, daß Unternehmen die Politiker bestechen, um für sie günstige Entscheidungen herbeizuführen, so gibt es doch vielfältige legale Wege, auf denen sie die Ausgestaltung der Wirtschaftspolitik beeinflussen können.

Die wirksamste Möglichkeit ist sicherlich die Bereitstellung von Sachinformationen, die den Politikern dabei helfen sollen, sich ein fundiertes Urteil über die zur Entscheidung anstehenden Maßnahmen zu bilden. Viele Politiker wären schlichtweg überfordert, wenn sie sich zu allen relevanten Themenkreisen eigenes Fachwissen aneignen sollten. Unternehmen und Wirtschaftsorganisationen, die solche Informationen anbieten, treffen daher auf offene Ohren. Durch geschickte Selektion der bereitgestellten Informationen dürfte es ihnen möglich sein, manche politischen Entscheidungen zum eigenen Vorteil zu beeinflussen.

Eine andere Möglichkeit ist die Mitwirkung an der öffentlichen Meinungsbildung. Mit der vorteilhaften Darstellung des eigenen Standpunktes in den Medien können die von der Wirtschaftspolitik Begünstigten dazu beitragen, die politischen Widerstände gegen diese Politik zu verringern und so die zu ihren Gunsten eingesetzten Staatsgelder zu erhöhen. All diese Aktivitäten lassen sich unter dem Begriff der *Lobbytätigkeit* zusammenfassen. [1]

Auch wenn die Lobbytätigkeit für die Unternehmen sehr lohnend sein kann, so ist sie aus gesamtwirtschaftlicher Sicht doch unproduktiv. Die Unternehmen müssen finanzielle Mittel aus der Produktion abziehen, und ihr wirtschaftliches Interesse verlagert sich von der Suche nach rentablen Produktionsmöglichkeiten auf die Suche nach staatlichen Subventionen. Anne Krueger (1974) hat modelltheoretisch nachgewiesen, daß die Kosten der Lobbytätigkeit so hoch werden können, daß die Vorteile staat-

---

[1] Im deutschen Sprachgebrauch wird dafür auch der englische Begriff "rent-seeking" verwendet, der weitgehend mit dem Begriff der Lobbytätigkeit deckungsgleich ist.

licher Unterstützung für die Unternehmen vollständig wieder aufgezehrt werden durch den Aufwand, der zum Erlangen dieser Vorteile nötig ist. Aus gesamtwirtschaftlicher Sicht ergibt sich dann in der Regel sogar ein Wohlfahrtsverlust, da die gesamtwirtschaftlichen Vorteile einer wirtschaftspolitischen Maßnahme zumeist geringer sind als die einzelwirtschaftlichen Vorteile für die direkt Begünstigten.

Die Akteure, die finanzielle Mittel in gesamtwirtschaftlich unproduktive Verwendungen lenken, sind in diesem Fall die Unternehmen. Das wirtschaftliche Fehlverhalten liegt jedoch eindeutig beim Staat. Erst dadurch, daß er auf Lobbytätigkeit mit der Gewährung von Vorteilen reagiert, wird diese Tätigkeit überhaupt erst lohnend. Würde er sich in seinem wirtschaftspolitischen Kurs nicht durch den Druck der Lobby beeinflussen lassen, würden die Unternehmen in eigenem Interesse kein Geld in diese Aktivitäten investieren.

II. Spieltheorie

Der Wettbewerb zwischen Unternehmen oder die Verhandlungen zwischen Unternehmen und Staat um die Gewährung von Fördermaßnahmen gleichen oftmals einem stra-
tegischen Spiel, bei dem derjenige einen Vorteil erlangen
kann, der die Verhaltensweisen der Mitspieler richtig
einschätzt und seine eigene Spielweise darauf einstellt.
Im Grenzbereich zwischen Ökonomie und Mathematik hat
sich eine eigenständige Spieltheorie entwickelt, in der es
darum geht, strategisches Verhalten von Unternehmen
und Regierungen modelltheoretisch zu erfassen. Zwei
dieser Modelle, die für die Wirtschaftspolitik von besonderer Bedeutung sind, sollen hier vorgestellt werden.

1. Zeitliche Inkonsistenz

Das Problem der zeitlichen Inkonsistenz in der Wirtschaftspolitik tritt auf, wenn die Regierung heute eine
Entscheidung über ihr Verhalten von morgen trifft, die
zwar aus der Sicht von heute, aber nicht aus der von
morgen optimal ist. In dem grundlegenden Aufsatz von
Finn Kydland und Edward Prescott (1973) wird dieses
Problem anhand des folgenden Beispiels erläutert:

Die Eltern einer Tochter, die gerade ihr Abitur gemacht
hat, legen Wert darauf, daß diese ein Studium absol-
viert; und sie möchten erreichen, daß die Tochter in der
Zeit zwischen Schule und Studium nicht faulenzt, sondern sich einen Job sucht. Sie erklären deshalb, daß sie
das Studium nur dann finanzieren werden, wenn die

Tochter während des Sommers arbeitet. Diese Ankündigung ist zwar aus heutiger Sicht rational, aber die Tochter erkennt die darin verborgene zeitliche Inkonsistenz und verbringt den Sommer am Strand. Zu Beginn des Wintersemesters hat sich die Entscheidungssituation für die Eltern grundlegend gewandelt. Der Sommer ist vorbei, und jetzt können sie nur noch darauf Einfluß nehmen, ob ihre Tochter studiert oder nicht. Wenn sie ihre Ankündigung vom Frühsommer wahrmachen würden, hätten sie keines ihrer beiden Ziele erreicht. Sie werden also, wenn auch zähneknirschend, ihrer Tochter das Studium finanzieren.

Ein vergleichbares Problem tritt in der Wirtschaftspolitik auf, wenn es um die zeitliche Befristung von Subventionsprogrammen geht. Gerade im Bereich der sektoralen Strukturpolitik geht es häufig darum, vom Schrumpfen bedrohten Wirtschaftszweigen befristete Anpassungshilfen zu gewähren, um den Schrumpfungsprozeß aus arbeitsmarkt- und sozialpolitischen Gründen abzufedern und zeitlich zu strecken. Wenn die Unternehmen jedoch während der Zeit der Subventionsgewährung keine Anstrengungen machen, um nach Ablauf der Frist auch ohne Subventionen zurechtkommen zu können, stehen die Politiker am Ende der Frist vor exakt dem gleichen Problem wie zu Beginn. Eine Streichung der Subventionen hätte wiederum unerwünschte arbeitsmarkt- und sozialpolitische Folgen, so daß sich die Politiker zu einer Verlängerung des Subventionsprogramms gezwungen sehen.

Ist auf diese Weise erst einmal ein Präzedenzfall geschaffen, werden die Unternehmen in künftigen Fällen erst recht auf eine nachträgliche Verlängerung der Subventionsprogramme vertrauen. So werden vorübergehende Anpassungshilfen zu Dauersubventionen, die nur mit erheblicher politischer Kraftanstrengung wieder rückgängig zu machen sind.

Lösen läßt sich das Problem der zeitlichen Inkonsistenz nur, wenn der Staat entweder auf strukturelle Anpassungsprobleme anders reagiert als mit Subventionsprogrammen (etwa mit Umschulungsbeihilfen für die betroffenen Arbeitskräfte) oder wenn er sich strikt an einmal getroffene Ankündigungen hält, auch wenn sie sich im Laufe der Zeit nicht mehr als optimal zur Lösung der gerade anstehenden Probleme erweisen sollten.

2. Das Gefangenen-Dilemma

Im Bereich der Subventionspolitik ist immer wieder zu beobachten, daß Regierungen nur deshalb heimischen Unternehmen Schutz gewähren, weil auch die Regierungen in anderen Ländern eine entsprechende Politik verfolgen. Selbst wenn sich alle darüber einig sein sollten, daß eine Beendigung des Subventionswettlaufs für alle vorteilhaft wäre, macht doch niemand den Anfang, da sich jeder von einem einseitigen Subventionsabbau Nachteile ausrechnet. Eine solche Situation wird als Gefangenen-Dilemma bezeichnet, das sich mit folgendem Gleichnis erläutern läßt:

In einer amerikanischen Kleinstadt wird eine Frau ermordet, und kurz danach können zwei verdächtige Gestalten aufgegriffen und festgenommen werden. Der Staatsanwalt muß der aufgebrachten Bevölkerung möglichst rasch einen Täter präsentieren, denn in den USA sind Staatsanwälte Wahlbeamte und damit vom Wohlwollen der Bürger abhängig. Der Staatsanwalt macht jedem der beiden Verdächtigten, die in getrennten Zellen untergebracht sind, folgendes Angebot. Wenn beide den Mord leugnen, werden sie wegen unerlaubten Waffenbesitzes zu jeweils einem Jahr Haft verurteilt. Wenn einer gesteht, der andere jedoch nicht, so geht der Geständige als Kronzeuge straffrei aus, während der andere für 30 Jahre hinter Gitter geschickt wird. Sind beide geständig, werden sie wegen erwiesener Reue zu nur zehn Jahren Haft verurteilt.

Die Entscheidungssituation der Gefangenen läßt sich anhand einer sogenannten Auszahlungs-Matrix deutlich machen, wobei L und G Leugnen und Gestehen bezeichnen und die Zahlen in den Feldern links vom Schrägstrich die Strafe für A und rechts davon für B angeben (Tabelle F/1). Für A ergibt sich folgende Überlegung: Falls B leugnet, ist es für A vorteilhaft, zu gestehen, da er dann völlig straffrei bleibt. Falls B gesteht, ist es für A ebenfalls vorteilhaft, zu gestehen, da er dann nur für 10 statt für 30 Jahre ins Gefängnis muß. Die Entscheidungssituation für B ist natürlich spiegelbildlich dieselbe, so daß beide Gefangenen ein Geständnis ablegen werden. Der Staatsanwalt hat sein Ziel erreicht, und nur Kleingeister mögen beklagen, daß die Gefangenen

auch dann geständig sein werden, wenn sie den Mord
gar nicht begangen haben.

Tabelle F/1 - Auszahlungs-Matrix im Gefangenen-Dilemma

		Gefangener A	
		L	G
Gefangener B	L	1/1	0/30
	G	30/0	10/10

In der wirtschaftswissenschaftlichen Literatur wird dieses
Gleichnis etwa dafür herangezogen, um zu erklären,
weshalb sowohl in Westeuropa als auch in Nordamerika
die Flugzeugindustrie subventioniert wird, obwohl es
vermutlich beiden Regionen ohne Subventionen besser
ginge (Krugman, 1987). Ein weiteres Beispiel für ein Gefangenen-Dilemma liefert der Wettbewerb zwischen Gemeinden, die ansiedlungswilligen Unternehmen billige
Grundstücke und befristete Gewerbesteuerbefreiungen
anbieten und dabei oftmals Zugeständnisse machen, die
über das gesamtwirtschaftlich optimale Maß weit hinausgehen. Lösen läßt sich das Gefangenen-Dilemma nur
durch Kooperation - durch eine gegenseitige Verpflichtung der Gefangenen auf ihre Ganoven-Ehre bzw. durch
überregionale und internationale Vereinbarungen zum gemeinsamen Subventionsabbau.

Nach den Erkenntnissen der ökonomischen Theorie der Politik sowie der Spieltheorie ist es also keineswegs gesichert, daß eine als gesamtwirtschaftlich optimal erkannte Politik auch tatsächlich durchgeführt wird. Das Fazit der vorangeganenen Kapitel, daß staatliche Markteingriffe oftmals mehr schaden als nützen, wird dadurch noch unterstrichen. Um nun aber nicht den Eindruck zu erwecken, der Staat habe in einer Marktwirtschaft gar keine sinnvollen Aufgaben, ist es dringend an der Zeit, den Leser mit denjenigen Fällen vertraut zu machen, in denen Staatseingriffe ökonomisch doch sinnvoll, ja sogar notwendig sein können. Dabei geht es nicht darum, die bisherigen Aussagen in ihr Gegenteil zu verkehren, sondern es geht um die Beschreibung der Ausnahmen von der Regel. Mehr dazu im folgenden Kapitel.

Kapitel G
In welchen Fällen versagt der Markt?

I. Öffentliche Güter

1. Leuchttürme und Trittbrettfahrer

Nehmen Sie an, Sie seien jung, dynamisch und vom Wunsch beseelt, sich unternehmerisch zu betätigen. Dafür suchen Sie nach der Möglichkeit, ein Produkt auf den Markt zu bringen, das noch kein anderer anbietet, für das aber ein Bedarf besteht. Bei dieser Suche fällt Ihnen auf, daß es in den nahegelegenen Küstengewässern immer wieder zu Schiffsunglücken kommt, weil in einer vielbefahrenen Hafeneinfahrt kein Leuchtturm steht. In Gesprächen mit den Schiffern stellen Sie fest, daß alle dort gern einen Leuchtturm hätten, und Sie beschließen, ihn zu bauen.

Von den Schwierigkeiten, eine entsprechende Baugenehmigung zu erhalten und das nötige Kapital aufzubringen, wollen wir einmal absehen. Sie schaffen es, den Leuchtturm fertigzustellen, und wollen nun den Ertrag Ihrer Investition dadurch ernten, daß Sie von den in den Hafen einlaufenden Schiffern eine Benutzungsgebühr erheben. Zu Ihrer Überraschung aber stellen Sie fest, daß kaum ein Schiffer bereit ist, die Gebühr zu entrichten. Die meisten von ihnen behaupten, sie hätten die Hafeneinfahrt auch ohne das Leuchtfeuer gefunden – die Ge-

bühr sollten doch besser andere zahlen. Nach einigen
ergebnislosen Versuchen legen Sie den Leuchtturm still,
und es gibt wieder so viele Havarien wie früher.

Die Ursache für Ihr unternehmerisches Scheitern liegt
darin, daß bei Ihrem Leuchtturm das sogenannte *Ausschlußprinzip* nicht funktioniert. Sie haben keine Möglichkeit, zahlungsunwillige Schiffer von der Nutzung des
Leuchtturms auszuschließen. Jeder einzelne von ihnen
vertraut darauf, daß seine Kollegen die zum Betrieb nötigen Gebühren aufbringen werden. Außerdem rechnet
sich jeder aus, daß es für die Rentabilität des Leucht-
turm-Projekts relativ unerheblich ist, ob gerade er seine
Gebühr bezahlt oder nicht. Wenn es zu keiner gemeinsamen Absprache unter den betroffenen Schiffern kommt,
wird niemand freiwillig zahlen für eine Leistung, die er
glaubt auch umsonst erhalten zu können. Ein derartiges
Verhalten wird in der Ökonomie als *Trittbrettfahrer-Ver-
halten* bezeichnet. [1]

Der Bäcker aus der Nachbarschaft hat dieses Problem
nicht. Wer nicht bereit ist, den geforderten Preis für
die Brötchen zu zahlen, wird nicht beliefert, ohne daß
gleich die gesamte Brötchen-Produktion eingestellt werden muß. Eine erste Schlußfolgerung aus unserem Beispiel lautet, daß ein privatwirtschaftliches Angebot von
Gütern, bei denen das Ausschlußprinzip nicht funktioniert, nicht zustande kommen wird, auch wenn der Nut-

---

[1] Häufig werden dafür auch die Begriffe Schwarzfahrer
oder Free-Rider verwendet.

zen dieses Gutes für die Konsumenten die Herstellungs-
kosten der Produzenten übersteigt.

Da Sie den Leuchtturm aber nun einmal gebaut haben,
sinnen Sie auf Abhilfe, wie Sie Ihren Investitionsaufwand
doch noch wieder hereinholen können. Sie setzen sich
mit der Hafenverwaltung in Verbindung und stellen fest,
daß auch dort ein Interesse am Betrieb des Leuchtturms
besteht. Es wird vereinbart, von allen festmachenden
Schiffen zusätzlich zur allgemeinen Hafengebühr eine
Leuchtturmgebühr zu erheben, die an Sie abgeführt
wird. Damit ist das Ausschlußprinzip durchgesetzt, und
die Finanzierung Ihres Investitionsprojekts ist gesichert. [1]

Dennoch ist die Lösung, die hier gefunden wurde, nicht
pareto-optimal. Es ist denkbar, daß einige Schiffer den
betreffenden Hafen nicht mehr anlaufen, weil ihnen die
Leuchtturmgebühr zu hoch ist. Würde diesen Schiffern
die kostenlose Leuchtturmnutzung gestattet, ginge es ihnen besser, ohne daß irgendein anderer schlechterge-
stellt würde. Denn für jeden einzelnen Schiffer ist es
gleichgültig, wieviele Personen außer ihm den Leuchtturm
benutzen; sein individueller Nutzen bleibt unverändert,
wenn die Zahl der Nutzer steigt.

Auch hier besteht wieder ein Unterschied zum Beispiel
des Bäckers. Wenn der Bäcker nur eine begrenzte Zahl

---

[1] Tatsächlich sind im siebzehnten Jahrhundert in Schott-
land die ersten Leuchttürme auf eine derartige privat-
wirtschaftliche Art entstanden (Peacock, 1979).

von Brötchen vorrätig hat, ist es für mich nicht gleich, wieviele Brötchen die Kunden, die vor mir in den Laden gekommen sind, konsumieren wollen. Da jedes Brötchen nur einmal gegessen werden kann, besteht bei diesem Produkt eine *Konsumrivalität*. Zwar mag es auch hier Kunden geben, die zu einem niedrigeren Preis mehr Brötchen kaufen würden, doch der Ausschluß dieser Nachfrager vom Konsum ist pareto-optimal, da ihr Grenznutzen geringer ist als die Grenzkosten des Bäckers. Eine Belieferung auch dieser Kunden würde also mehr kosten als nützen.

Die Kosten des Leuchtturms sind dagegen völlig unabhängig von der Zahl der Nutzer. Er leuchtet nicht weniger hell, wenn viele ihn nutzen. Die Erhebung einer Gebühr ist damit nicht pareto-optimal, denn sie schließt zusätzliche Nutzer aus, die keine zusätzlichen Kosten verursachen würden. Derartige Güter, bei denen keine Konsumrivalität besteht, werden als *öffentliche Güter* bezeichnet. Im Gegensatz dazu werden Güter mit Konsumrivalität als *private Güter* bezeichnet.

In der Praxis treten mangelnde Ausschließbarkeit und fehlende Kosumrivalität oftmals gemeinsam auf, und viele Autoren ziehen beide Kriterien zur Definition eines öffentlichen Gutes heran. Dabei wird aber übersehen, daß das Versagen des Ausschlußprinzips nur ein technisches Problem ist, das sich - wie im Beispiel unseres Leuchtturms - häufig lösen läßt. Die fehlende Konsumrivalität ist jedoch eine inhärente Eigenschaft der betreffenden Güter, die nicht eliminiert werden kann und auch gar

nicht eliminiert werden sollte. Es erscheint daher sinnvoll, dieses Kriterium als entscheidend für die Definition
eines öffentlichen Gutes anzusehen. [1]

Bei einem öffentlichen Gut wie dem Leuchtturm läßt sich
eine pareto-optimale Nutzung nur dann erzielen, wenn
das Gut kostenlos angeboten wird. Unter dieser Bedingung kommt jedoch kein privatwirtschaftliches Angebot
zustande, d. h. der Markt ist nicht in der Lage, eine pareto-optimale Lösung herbeizuführen. Dies wird als
Marktversagen bezeichnet. Nur wenn der Staat eingreift,
indem er entweder dem Leuchtturmbetreiber die Kosten
aus allgemeinen Steuermitteln erstattet oder selbst den
Leuchtturm baut, kann ein Pareto-Optimum realisiert
werden.

In unserem Beispiel ging es bisher darum, wie es erreicht werden kann, daß ein offensichtlich benötigter
Leuchtturm auch tatsächlich gebaut wird. In der Realität
stellt sich jedoch eine weitere Frage, und zwar die, wo
überhaupt Leuchttürme gebaut werden sollen und wo der
Nutzen eines Leuchtturmes so gering wäre, daß er die
Kosten nicht rechtfertigt. Auch die Höhe von Leuchttür-
men oder ihre Leuchtstärke können unterschiedlich ausgestaltet werden, so daß der Staat vor dem Problem

---

[1] So argumentiert auch Paul Samuelson, der die ökonomische Theorie der öffentlichen Güter maßgeblich geprägt
hat.

steht, die optimale Angebotsmenge des öffentlichen Gutes zu bestimmen. [1]

Oben war gezeigt worden, daß bei privaten Gütern ein Pareto-Optimum erreicht ist, wenn der Grenznutzen des letzten Konsumenten gerade den Grenzkosten der Produktion entspricht (Abschnitt B III.). Diese Regel gilt bei öffentlichen Gütern nicht. Hier ist ein Optimum erreicht, wenn die Summe der Grenznutzen aller Nachfrager den Grenzkosten entspricht. Dieses Ergebnis wurde formal nachgewiesen von Paul Samuelson (1954; 1955). Der Beweis ist aber nicht ganz einfach, so daß hier auf ihn verzichtet werden soll.

In der Theorie hat Samuelson das Problem der Bestimmung der optimalen Angebotsmenge eines öffentlichen Gutes gelöst. In der Praxis hilft diese Lösung allerdings nicht viel weiter. Denn die Grenznutzen der Nachfrager sind praktisch nicht meßbar, da es keinen Marktmechanismus für öffentliche Güter gibt, der diese Grenznutzen aufdeckt. Bei privaten Gütern ist das anders. Der perfekt preisdiskriminierende Monopolist aus Abschnitt B I. beispielsweise war in der Lage, durch sukzessive Versteigerung des Angebots den Grenznutzen jedes einzelnen Konsumenten zu ermitteln. Da es solche Möglichkeiten bei öffentlichen Gütern nicht gibt, muß letztlich auf politischer Ebene entschieden werden, wie groß das Angebot an öffentlichen Gütern sein soll.

---

[1] Allein in der Kieler Förde beispielsweise stehen vier Leuchttürme; in den Einfahrten zum Bremer oder zum Hamburger Hafen sind es weitaus mehr. Auch die Größe der einzelnen Leuchttürme variiert beträchtlich.

Nur wenige Güter lassen sich so eindeutig als öffentliches Gut klassifizieren wie der Leuchtturm. Eine Brücke über einen Fluß beispielsweise ist nur solange ein öffentliches Gut, wie es nicht zu Verkehrsstaus kommt. Im Stau besteht Konsumrivalität zwischen den Verkehrsteilnehmern, und es wäre ökonomisch effizient, diejenigen mit dem geringsten Grenznutzen durch die Erhebung eines Brückenzolls von der Nutzung auszuschließen. Außerhalb der Stauzeiten wäre ein Brückenzoll dagegen nicht pareto-optimal, denn zusätzliche Verkehrsteilnehmer könnten einen Nutzen erzielen, ohne den Nutzen anderer zu beeinträchtigen.

Als öffentliche Güter angesehen werden können auch ökonomisch schwer faßbare Dinge wie Rechtssicherheit und militärische Sicherheit, verläßliche Rahmenbedingungen für unternehmerische Entscheidungen oder ein vertrauenswürdiges Währungssystem. Einer der wichtigsten wirtschaftspolitischen Anwendungsfälle der Theorie öffentlicher Güter ist die staatliche Technologiepolitik. Dieses Thema ist einen eigenen Abschnitt wert.

2. Patentschutz und Forschungsförderung

Technisches Wissen ist, wie jede andere Art von Wissen auch, ein lupenreines öffentliches Gut. Sein Bestand verringert sich nicht dadurch, daß es genutzt wird; zwischen den Nutzern besteht keine Konsumrivalität. Darüber hinaus funktioniert das Ausschluß-Prinzip nur unzureichend. Wer technisches Wissen zum Kauf angeboten erhält, wird keinen verbindlichen Kaufpreis akzeptieren, solange er das Wissen nicht kennt. Wird es ihm jedoch offenbart, braucht er es nicht mehr zu bezahlen, denn dann hat er es ja schon.

Unter rein marktwirtschaftlichen Bedingungen wird kein Unternehmen bereit sein, in die Entwicklung technischen Wissens, das anschließend allen zur Verfügung steht, eigene finanzielle Mittel zu investieren. Diese Argumentation läßt sich mit Hilfe einer einfachen Grafik veranschaulichen. Die Nachfrage und das Angebot eines normalen privaten Guts seien durch N und A gegeben (Schaubild G/1). Dabei ist zur Vereinfachung unterstellt, daß die Angebotsfunktion waagerecht verläuft, d. h. die Grenzkosten für die Produktion zusätzlicher Einheiten sind konstant. In dem Markt sind mehrere miteinander im Wettbewerb stehende Unternehmen vertreten, die alle das betreffende Gut zum Preis p_o anbieten und zusammengenommen eine Menge von x_o produzieren.

Nun entdeckt eines dieser Unternehmen eine Produktionstechnik, die es erlaubt, das Gut für einen Preis von p_1 zu produzieren. Wenn es dies Wissen geheimhalten kann, ist es in der Lage, den gesamten Markt zu monopolisieren, indem es einen Preis leicht unterhalb von p_o festsetzt und damit alle anderen Unternehmen vom Markt verdrängt. Für die Konsumenten hat sich nichts geändert, doch für das Unternehmen fallen Innovationsgewinne in Höhe des Rechtecks abp_op_1 an, da die Produktionskosten pro Stück von P_o auf p_1 gesunken sind.

Schaubild G/1 – Wohlfahrtseffekte des Patentschutzes

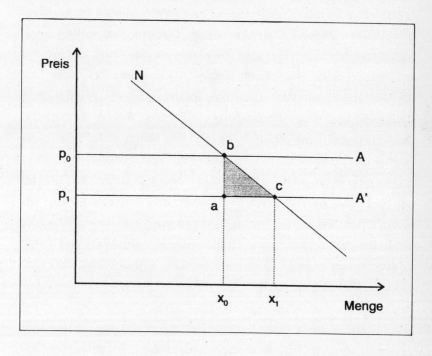

Gelingt die Geheimhaltung nicht, können alle Konkurrenten die neue Technik imitieren und nun das Gut zum Preis von p_1 anbieten. Die Angebotsfunktion verschiebt sich dann von A nach A'. Der Innovationsgewinn wird dadurch wegkonkurriert; der Nutzen für die Konsumenten jedoch erhöht sich um das Trapez cbp_op_1. Falls die Entwicklung neuen technischen Wissens mit Kosten verbunden ist – und das ist die Regel –, wird es von privaten Unternehmen, die im Wettbewerb stehen, also nur dann hervorgebracht werden, wenn eine exklusive Nutzung im eigenen Unternehmen möglich ist. Andernfalls kommt es gar nicht erst zur Entwicklung einer neuen Technik, und die Produktionskosten bleiben bei p_o.

Um den technischen Fortschritt nicht am Geheimhaltungs-
problem scheitern zu lassen, gewährt der Gesetzgeber
den Unternehmen, die eine neue Technik entwickeln, einen *Patentschutz*. Er gibt demjenigen, der eine Erfindung
als erster beim Patentamt meldet, für einen Zeitraum von
achtzehn Jahren das alleinige Recht zur wirtschaftlichen
Verwertung dieser Erfindung.[1] Dieses Recht verschafft
dem Erfinder eine zeitlich befristete Monopolstellung. Dadurch wird es möglich, trotz der Absenkung der Produktionskosten auf p_o den Preis bei p_1 (bzw. leicht da-
runter) zu halten und die anderen Unternehmen, die
nicht über die neue Technik verfügen, aus dem Markt zu
drängen. Dem Innovator fließt nun ein Innovationsgewinn
in Höhe von abp_op_1 zu, aus dem er seine Forschungsarbeiten finanzieren kann.

Der Patentschutz sorgt also dafür, daß das Auschluß-
prinzip bei der Entwicklung technischen Wissens zu Gel-
tung kommt. Eine gesamtwirtschaftlich optimale Lösung
ist damit allerdings noch nicht erreicht. Stünde das neue
Wissen allen Unternehmen offen, könnten die Konsumenten aufgrund des auf p_1 sinkenden Preises einen Nutzenzuwachs erzielen, der um das schraffierte Dreieck abc
größer ist als der Innovationsgewinn bei einem Preis von
p_o. Aufgrund der fehlenden Konsumrivalität zwischen
den Unternehmen bei der Nutzung des neuen Wissens

---

[1] Außerdem gibt das Patentamt den Inhalt der Patent-
schrift zur öffentlichen Einsichtnahme frei. Von dieser
Offenlegung erhofft sich der Gesetzgeber eine Stimulie-
rung der Forschungsarbeiten auch in anderen Bereichen.

läßt sich ein Pareto-Optimum nur erreichen, wenn keinem Unternehmen die Anwendung der neuen Technik verwehrt wird.

Die Wirtschaftspolitik steht damit vor einem echten Dilemma: Ohne Patentschutz wird zu wenig oder gar nicht in die Forschung investiert; mit Patentschutz werden die neuentwickelten Technologien unzureichend genutzt. Theoretisch ließe sich dieses Dilemma dadurch auflösen, daß der Staat den Patentschutz aufhebt und den forschenden Unternehmen ihre Forschungsausgaben ersetzt, daß er also - genau wie im Fall des Leuchtturms - die Finanzierung des privatwirtschaftlich angebotenen öffentlichen Gutes übernimmt. Die Probleme dieses Vorschlags sind jedoch offenkundig: Wenn der Staat die vollständige Kostenübernahme aller unternehmerischen Forschungsausgaben zusagt, gibt es keine Möglichkeit, eine effiziente Verwendung der Mittel zu gewährleisten. Forschungsförderung würde zum Selbstbedienungsladen für Unternehmen.

In der Praxis geht die Wirtschaftspolitik deshalb einen Weg des Kompromisses. Den Innovatoren wird Patentschutz gewährt, und die Forschungsarbeiten der Unternehmen werden mit staatlichen Subventionen gefördert. Diese Subventionen dienen zum einen dazu, die unzureichende Nutzung patentierter Technologien zu kompensieren durch die Ausweitung der Forschungstätigkeit insgesamt. Zum anderen sollen solche Forschungsarbeiten besonders unterstützt werden, die zu nicht-patentierbaren

Ergebnissen führen, in die von den Unternehmen aus eigenem Antrieb also zu wenig investiert würde. [1]

Für welchen Zeitraum dem Innovator Patentschutz gewährt werden sollte und wie hoch die Forschungssubventionen genau sein sollten, läßt sich nicht wissenschaftlich begründen. Die Theorie der öffentlichen Güter besagt nur, daß ohne staatlichen Markteingriff kein Pareto-Optimum erreicht wird, da die Unternehmen dann zu wenig in die Forschung investieren. Wie intensiv der Staat eingreifen soll, muß letztlich auf der politischen Ebene entschieden werden. Ob das gegenwärtige Niveau der Forschungsförderung zu gering ist oder bereits über das Optimum hinausgeht, entzieht sich der exakten Messung.

In der wirtschaftspolitischen Praxis wird mit dem Begriff der öffentlichen Güter allerdings oftmals erheblich sorgloser umgegangen als in der ökonomischen Theorie. Nicht alles, was als öffentliches Gut deklariert wird, ist auch eines. Wenig einsichtig ist es etwa, Theatervorstellungen zu einem öffentlichen Gut zu erklären, das vom Staat finanziert werden müsse, Kinovorstellungen dagegen nicht. Wer die Schlangen beobachtet, die sich regelmäßig vor Theaterkassen bilden, wird kaum den Eindruck haben, in diesem Bereich herrsche keine Kosumrivalität.

---

[1] Der wichtigste Bereich, in dem vorwiegend nicht-patentierbare Forschungsergebnisse anfallen, ist die industrielle Grundlagenforschung. Doch auch im Bereich der angewandten Forschung können nicht alle Ergebnisse durch Patente vor der Nachahmung geschützt werden.

Wenn der Staat die Theater fördert, so mag er dafür gute Gründe haben. Die Theorie der öffentlichen Güter liefert ihm diese Gründe aber nicht.

II. Externe Effekte

1. Externe Kosten: Umweltpolitik

a) Schaffung von Eigentumsrechten

Beispiel 1: Auf einem Grundstück, das über einen Brunnen mit erstklassigem Grundwasser verfügt, hat sich eine Brauerei niedergelassen, die ihr Brauwasser aus diesem Brunnen entnimmt. In der Nähe liegt ein Bauernhof, auf dem Getreide angebaut wird. Nun eröffnet der Landwirt als zusätzlichen Betriebszweig eine Rindermast und bringt die dabei anfallende Gülle auf seinen Feldern aus. Da die Zahl der gehaltenen Tiere und die zur Verfügung stehende Fläche nicht in einem angemessenen Verhältnis zueinander stehen, können die auf den Feldern wachsenden Pflanzen die Nährstoffe nur noch teilweise absorbieren. Daraufhin steigt die Nitratbelastung des Grundwassers so stark an, daß die Brauerei eine kostspielige Reinigungsanlage installieren muß. Damit ist das Problem zunächst einmal gelöst, doch ist es auch effizient gelöst?

Beispiel 2: Auf einem anderen Grundstück, das ebenfalls von einer Brauerei zur Grundwasserentnahme genutzt wird, tritt das gleich Nitratproblem auf. Diese Brauerei kann sich aber auf eine Verordnung des zuständigen Umweltministers berufen, nach der die Viehhaltung in der Nähe von Brauereien untersagt ist. Der benachbarte Landwirt muß die Rindermast einstellen, so daß der Brauereibetrieb ungehindert fortgeführt werden kann.

Dies ist ebenfalls eine Lösung des Problems, doch auch hier stellt sich die Frage nach der Effizienz.

Beispiel 3: Auf einem dritten Grundstück schließlich kommt es zu Verhandlungen zwischen der Brauerei und dem Landwirt. Grundlage dieser Verhandlungen ist die Verordnung eines weisen Justizministers, die der Brauerei das Recht einräumt, bei der Grundwasserreinigung anfallende Kosten dem verursachenden Landwirt anzulasten. Der Landwirt reduziert, nachdem ihm die erste Rechnung präsentiert worden ist, seinen Viehbestand so weit, daß daraufhin die Reinigungskosten der Brauerei drastisch zurückgehen. Außerdem beginnt er darüber nachzudenken, ob eine andere Art der Entsorgung seiner Gülle, etwa die Ausbringung auf den Feldern eines reinen Getreidebaubetriebes im Nachbardorf, nicht kostengünstiger für ihn wäre.

In Kapitel B war gezeigt worden, daß ein marktwirtschaftliches Wettbewerbsgleichgewicht deshalb eine pareto-optimale Lösung ist, weil die Grenzkosten der Produktion dem Grenznutzen der Konsumenten entsprechen. Dabei war stillschweigend unterstellt worden, daß die Produzenten bei ihrer Kalkulation alle anfallenden Kosten berücksichtigen, und diese Unterstellung ist in der Regel auch gerechtfertigt. Sie trifft jedoch nicht zu auf den Landwirt unseres ersten Beispiels.

Die Marktsituation für diesen Landwirt ist in Schaubild G/2 dargestellt. Er sieht sich der Nachfragekurve N für das von ihm produzierte Rindfleisch gegenüber, und seine Grenzkosten, in denen die Kosten der Brauerei für die Reinigung des Grundwassers nicht enthalten sind, entsprechen der Kurve GK_p. Diese Grenzkostenkurve ist in unserem ersten Beispiel zugleich die Angebotskurve des Landwirts. Er wird also eine Menge von x_o zum Preis von p_o anbieten. Tatsächlich verursacht die Rindermast aber höhere Grenzkosten als GK_p, denn je mehr Rinder gehalten werden, desto höher sind die Reinigungskosten der Brauerei. Werden diese Kosten zu den unmittelbar vom Landwirt zu zahlenden Kosten hinzuaddiert, ergibt sich die Grenzkostenkurve GK_s.

Schaubild G/2 - Umweltbelastung als externe Kosten

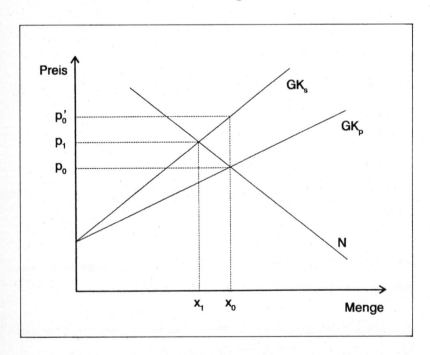

Die zusätzlichen Kosten, die nicht vom Produzenten selbst zu tragen sind, werden als *externe* Kosten bezeichnet. Die vom Produzenten zu tragenden Kosten dagegen werden als *private Kosten* und die Summe aus privaten und externen Kosten als *soziale Kosten* bezeichnet. Überall dort, wo die Produktion eines Gutes mit Umweltschäden verbunden ist, für die der Produzent nicht selbst aufkommen muß, sind die sozialen Kosten also höher als die privaten Kosten.

Ein Vergleich von Kosten und Nutzen zeigt, daß bei einer Produktionsmenge von x_o für die Wirtschaft insgesamt (d. h. in unserem Beispiel für den Landwirt und die Brauerei zusammengenommen) Grenzkosten in Höhe von p_o' anfallen, während der Grenznutzen bei p_o liegt. In Beispiel 1 werden also Güter produziert, die gesamtwirtschaftlich mehr Kosten verursachen als Nutzen stiften. Deshalb ist diese Lösung nicht pareto-optimal. Doch auch die Lösung in Beispiel 2 ist nicht optimal. Hier geht die Produktionsmenge auf null zurück, obwohl links von x_1 Rindfleisch produziert werden könnte, dessen Grenzkosten niedriger liegen als die Grenznutzen.

In Beispiel 3 dagegen muß der Landwirt die bei der Grundwasserreinigung anfallenden Kosten bei seiner Kalkulation berücksichtigen. Diese sind somit keine externen Kosten mehr, sondern zählen nun zu seinen privaten Kosten. Die Schaffung eines Rechtsanspruchs für die Brauerei hat es möglich gemacht, die ehemals externen Kosten des Landwirts zu *internalisieren*. Er wird jetzt aus eigenem Interesse seine Produktionsmenge auf x_1 re-

duzieren und den Preis auf p_1 erhöhen. Bei dieser Lösung stimmen gesamtwirtschaftliche Grenzkosten und
Grenznutzen überein, d. h. ein Pareto-Optimum ist erreicht.

Aus den drei Beispielen lassen sich mehrere Schlüsse
ziehen:

- Wenn eine Produktion externe Kosten verursacht, d. h.
  wenn bei ihr die sozialen und die privaten Grenzkosten
  nicht übereinstimmen, ist das unter Wettbewerbsbedingungen eintretende Marktgleichgewicht nicht pareto-optimal. Es liegt also ein Fall von Marktversagen vor.

- Wenn es möglich ist, die sozialen Grenzkosten der Produktion durch eine Verringerung der Angebotsmenge
  so weit zu reduzieren, daß sie nicht mehr höher sind
  als der Grenznutzen, ist ein vollständiges Verbot um-
  weltschädigender Produktionen nicht pareto-optimal.

- Wenn es gelingt, externe Kosten zu internalisieren, ist
  die Ursache des Marktversagens behoben, und das
  Wettbewerbsgleichgewicht ist pareto-optimal. Unter dieser Bedingung werden die Kosten der Umweltschädi-
  gung sowohl von den Produzenten als auch von den
  Konsumenten des betreffenden Gutes getragen, denn
  nicht nur die privaten Kosten, sondern auch die Absatzpreise werden infolge der Internalisierung der externen Kosten steigen.

Bemerkenswert erscheint an Beispiel 3, daß die Internalisierung der externen Kosten erst durch eine Änderung der Rechtsordnung ermöglicht worden ist. Im ökonomischen Sinne ist der Brauerei ein *Eigentumsrecht* an nicht verunreinigtem Grundwasser eingeräumt worden. Ohne dieses Eigentumsrecht hätte sie keine Möglichkeit gehabt, den Landwirt zur Übernahme der Reinigungskosten zu zwingen.

Als Konsequenz aus den drei Beispielen ergibt sich, daß eine Umweltpolitik, die auf die Schaffung von Eigentumsrechten setzt, eindeutig überlegen ist gegenüber einer Politik, die mit Verboten arbeitet. Natürlich ließe sich ein Pareto-Optimum auch dadurch erreichen, daß dem Landwirt verboten wird, mehr als x_1 Rindfleisch auf seinem Betrieb zu erzeugen. Auch dadurch könnten soziale Grenzkosten und Grenznutzen zum Ausgleich gebracht werden. Dafür müßte der Staat aber präzise über den genauen Verlauf der Kurven in Schaubild G/2 informiert sein, um die erlaubte Produktionsmenge weder zu hoch noch zu niedrig festzusetzen. Bei der Schaffung entsprechender Eigentumsrechte kann das Auffinden der pareto-optimalen Menge dagegen dem Markt überlassen werden, und der Staat muß nicht direkt in die Produktionsentscheidungen der Unternehmen eingreifen.

Leider lassen sich nicht alle Umweltprobleme ähnlich elegant lösen wie in unserem Beispiel. Was der Staat tun kann, um auch ohne die Schaffung von Eigentumsrechten eine möglichst gute Annäherung an ein Pareto-Optimum zu erreichen, ist Thema des folgenden Abschnitts.

b)   Pigou-Steuern und Umweltzertifikate

Bei den meisten Umweltproblemen ist es nicht möglich,
Verursacher und Geschädigte eindeutig zu ermitteln und
durch die Schaffung von Eigentumsrechten direkte Verhandlungen zwischen ihnen herbeizuführen. Die Luftverschmutzung, die Belastung des Bodens durch sedimen-
tierte Luftschadstoffe oder die Verunreinigung von Ge-
wässern haben meist viele Verursacher und beeinträchtigen viele Geschädigte in ihrer Nutzung der Umwelt.
Wenn beispielsweise die Bäume des Naherholungsgebiets
einer Großstadt durch sauren Regen geschädigt werden,
sind davon alle Personen betroffen, die dieses Gebiet
aufsuchen oder ohne Umweltschäden aufgesucht hätten.
Möglicherweise fühlen sich selbst jene Personen in ihrer
Wohlfahrt beeinträchtigt, die selbst das betreffende Gebiet gar nicht aufsuchen wollen, die aber Wert darauf legen, in einem Land mit intakter Umwelt zu leben.

Auch die Verursacher von Umweltschäden sind oftmals
nicht leicht zu ermitteln. So herrscht mittlerweile zwar
weitgehend Klarheit darüber, daß Waldschäden in erster
Linie von Auto-, Heizungs- und Kraftwerksabgasen her-
rühren, doch welches Waldstück genau von welchen Autos belastet wird, ist kaum feststellbar. Selbst wenn es
gelingen sollte, sämtliche Geschädigten und Verursacher
zu ermitteln, dürfte bei der Vielzahl der beteiligten Personen kaum eine einvernehmliche Verhandlungslösung zu
erreichen sein. Die Schaffung von Eigentumsrechten bietet also nur dort eine Lösung für das Umweltproblem, wo

die Zahl der betroffenen Personen klein und der Schaden regional eng begrenzt ist.

Dennoch sind diese Schwierigkeiten kein Grund dafür, auf umweltpolitische Maßnahmen zu verzichten. Die ökonomische Theorie zeigt, daß die sozialen Grenzkosten umweltbelastender Aktivitäten höher sind als ihr Grenznutzen, daß es also sinnvoll ist, diese Aktivitäten durch staatliche Interventionen einzuschränken. Und zumindest in der Theorie läßt sich sogar angeben, in welchem Ausmaß diese Einschränkung erfolgen sollte.

Nehmen wir den Fall des Luftschadstoffs Schwefeldioxid (SO_2). Er fällt vor allem bei der Verbrennung fossiler Energieträger an. Nehmen wir an, bei einem völligen Verzicht auf umweltpolitische Maßnahmen würde eine SO_2-Menge von AC emittiert (Schaubild G/3).[1] In einer derart hochbelasteten Umwelt fällt selbst das Atmen schwer, und eine Reduzierung des Schadstoffgehalts hat einen sehr hohen Grenznutzen für die Bevölkerung. Je weiter wir uns in der Grafik nach rechts bewegen, desto geringer wird jedoch der zusätzliche Nutzen, der von einer weiteren Schadstoffreduzierung ausgeht. Der Unterschied schließlich zwischen einer fast völlig reinen und einer völlig reinen Luft wird von der Bevölkerung vermutlich kaum noch wahrgenommen. Dieser Verlauf der Grenznutzen ist im Schaubild durch GN wiedergegeben.

---

[1] Das Schaubild ist so zu lesen, daß die SO_2-Belastung der Luft von links nach rechts gesehen kontinuierlich zurückgeht.

Die Grenzkosten des Umweltschutzes werden sich dagegen in umgekehrter Richtung verändern (GK). Oftmals
ist es schon mit relativ einfachen technischen Mitteln
möglich, zumindest die gröbsten Schadstoffe zurückzu-
halten, etwa durch eine verbesserte Einstellung und
Wartung von Fahrzeugmotoren oder Brennkammern von
Kraftwerken. Je strenger dagegen die Reinheitsanforde-
rungen, desto teurer die zusätzlichen Maßnahmen, die zu
einer weiteren Verbesserung des Reinheitsgrades nötig
sind. Nach dem zweiten Hauptsatz der Thermodynamik ist
eine völlige Reinigung der Abgase von SO_2 sogar überhaupt nicht zu erreichen, falls nicht vollständig auf den

Schaubild G/3 - Optimaler Reinheitsgrad der Umwelt

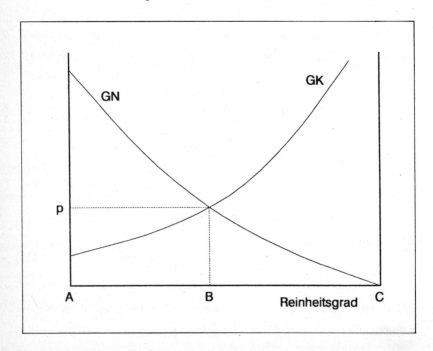

Einsatz schwefelhaltiger fossiler Energieträger verzichtet
werden soll.

Aus gesamtwirtschaftlicher Sicht ist ein optimaler Grad
an Luftverschmutzung bei B erreicht, denn hier entsprechen die Grenzkosten der Reinhaltung genau dem Grenznutzen des erreichten Reinheitsgrades. Eine Verschmutzung über BC hinaus wäre ineffizient, denn die Reinhaltung würde weniger kosten als nützen. Ebenfalls ineffizient wäre eine Reduzierung auf weniger als BC, da hier
Reinhaltungsmaßnahmen durchgeführt werden müßten, die
höhere Kosten als Nutzen verursachen.

Ökonomisch nicht ausgebildeten Personen macht es oftmals Schwierigkeiten, die Vorstellung eines optimalen
Verschmutzungsniveaus zu akzeptieren. Der Ökonom muß
daher immer wieder deutlich machen, daß die völlige
Reinhaltung der Umwelt mit immensen Kosten verbunden
wäre und in letzter Konsequenz wohl auf die Abschaf-
fung der Menschheit selbst hinauslaufen würde. Die Op-
timierung des Umweltschutzes ist das einzig realistische
Ziel, nicht die Maximierung.

Der Staat hat grundsätzlich zwei Möglichkeiten, eine Reduzierung der Schadstoffemission auf das Niveau BC zu
erreichen:

- Die Menge der insgesamt emittierten Schadstoffe kann
  auf BC festgesetzt werden. Mit welchen Instrumenten
  sich eine derartige Mengenbegrenzung erreichen läßt,
  wird unten näher diskutiert.

- Für jede Mengeneinheit des emittierten Schadstoffs
kann eine Strafsteuer in Höhe von p festgesetzt werden. Die Emittenten werden dann in eigenem Interesse
die Schadstoffmenge auf BC reduzieren, denn eine
Vermeidung des Schadstoffausstoßes im Bereich zwischen A und B verursacht Kosten, die geringer sind
als die Kosten der zu zahlenden Strafsteuer. Rechts
von B dagegen sind die Kosten der Reinhaltung größer
als die im Falle der Verschmutzung anfallende Strafsteuer. Derartige Steuern werden als *Pigou-Steuern*
bezeichnet. [1]

In der Analyse im Rahmen der Darstellung des Schaubildes G/3 erscheinen die Festsetzung einer Höchstmenge
und die Erhebung einer Pigou-Steuer als völlig gleich-
wertige Instrumente, um eine pareto-optimale Situation zu
erreichen. Unterschiede in den Auswirkungen ergeben
sich allerdings dann, wenn bei den verschiedenen Verur-
sachern der Luftverschmutzung unterschiedlich hohe
Grenzkosten der Reinhaltung anfallen. Um die Konsequenzen derartiger Unterschiede aufzeigen zu können,
nehmen wir an, daß in einer Region drei Kraftwerke vorhanden sind, die jeweils 40.000 t Schwefeldioxid pro Jahr
in die Luft abgeben, das sind also 120.000 t pro Jahr

---

[1] Die Reduzierung externer Kosten auf das gesamtwirtschaftliche Optimum mit Hilfe von Steuern wurde erstmals vorgeschlagen von Arthur Cecil Pigou (1920). Sie
werden heute auch als Öko-Steuern bezeichnet.

von allen drei Kraftwerken zusammen.[1] Der Staat möchte eine Reduzierung der Gesamtemission auf 60.000 t pro Jahr erreichen.

Die unterschiedlichen Grenzkosten der Reinigung in den drei Kraftwerken sind in den Kurven GK_1-GK_3 in Schaubild G/4 dargestellt. An der horizontalen Achse ist die Menge der emittierten Schadstoffe (in t SO_2) von rechts nach links abgetragen, so daß - genau wie in Schaubild G/3 - von links nach rechts gesehen der Reinheitsgrad der Luft besser wird. Kraftwerk 1 muß also wesentlich höhere Kosten aufwenden, um den gleichen Reinheitsgrad seiner Abgase zu erreichen wie Kraftwerk 2, und Kraftwerke 2 wiederum hat höhere Kosten als Kraftwerk 3. Wenn nun der Staat einen technischen *Standard* festsetzt, nach dem jedes Kraftwerk seine Emission um 50 Prozent reduzieren muß, ergeben sich Grenzkosten in Höhe von p_1, p_2 und p_3 für die Kraftwerke 1, 2 und 3.

Der gleiche Reinheitsgrad läßt sich erreichen, indem eine Pigou-Steuer in Höhe von p_2 festgesetzt wird. Kraftwerk 2 wird sein Verhalten nicht ändern und weiterhin 20.000 t pro Jahr emittieren, da seine Grenzkosten der Reinigung bei dieser Schadstoffmenge genau dem Steuersatz entsprechen. Kraftwerk 3 dagegen wird seine Emis-

---

[1] Ein 600-MW-Kraftwerk verbrennt in 5.000 Betriebsstunden pro Jahr rund 1 Mio t Steinkohle. Bei einem Gewichtsanteil des Schwefels in der Kohle von rund 2 Prozent werden ohne Filter also etwa 20.000 t reiner Schwefel bzw. 40.000 t Schwefeldioxid emittiert.

Schaubild G/4 - Standards und Steuern als Instrumente der Umweltpolitik

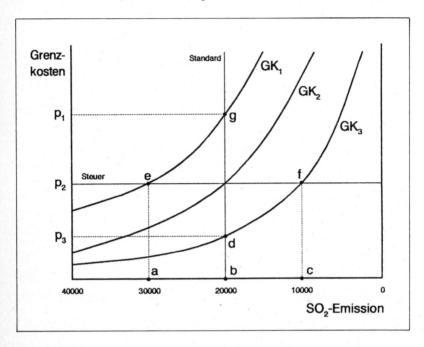

sion auf 10.000 t begrenzen, da es durch die Reduzierung geringere Kosten als Steuereinsparungen hat. Doch dafür erhöht Kraftwerk 1 seinen Schadstoffausstoß auf 30.000 t, so daß insgesamt, genau wie beim technischen Standard, 60.000 t SO_2 pro Jahr emittiert werden.

Für die Umweltqualität wird also mit beiden Maßnahmen gleich viel erreicht, aber die insgesamt aufzubringenden Reinigungskosten sind bei der Steuer-Lösung niedriger als bei der Standard-Lösung. Die in Kraftwerk 1 anfallenden Kosten gehen um die Fläche abge zurück, während die Kosten für Kraftwerk 3 um die Fläche bcfd steigen. Da bcfd kleiner ist als abge, wird durch den Übergang vom technischen Standard zur Pigou-Steuer eine Kostensenkung erreicht, die als gesamtwirtschaftliche Wohlfahrtssteigerung anzusehen ist. Anders ausgedrückt: Der gleiche Umweltschutz-Effekt läßt sich mit einer Steuer billiger realisieren als mit einem Standard. [1]

Zum Abschluß dieser Überlegungen soll skizziert werden, wie der Staat den gleichen Effekt wie mit der Pigou-Steuer auch mit einer Mengenbegrenzung erreichen kann, und zwar mit einem System von Umweltzertifikaten. Nehmen wir an, der Staat gestattet die Schadstoffemission nur demjenigen, der SO_2-Zertifikate erworben hat. Diese *Zertifikate* sind Gutscheine, die den Inhaber berechtigen, beispielsweise 1 t SO_2 pro Jahr zu emittieren. Sie gelten nur für eine bestimmte Region und nur für das betreffende Jahr. Die Zuteilung der Zertifikate erfolgt über eine öffentliche Versteigerung.

Wenn für die hier betrachtete Region insgesamt 60.000 Zertifikate ausgegeben werden, können die Kraftwerke zusammen nicht mehr als 60.000 t SO_2 emittieren. Sie werden bei der Versteigerung solange mitbieten, wie der

---

[1] Für die umweltverschmutzenden Unternehmen ist die Steuerlösung allerdings in aller Regel teurer als die Standard-Lösung, da sie zusätzlich zu den Reinigungskosten noch die Steuer tragen müssen. Der Staat kann aber die gesamtwirtschaftliche Kosteneinsparung auch an die Unternehmen weitergeben, indem er als Kompensation für die Pigou-Steuer andere Unternehmenssteuern senkt. Dann wäre eine Steuer im Vergleich zum Standard nicht nur gesamtwirtschaftlich, sondern auch aus Sicht der Unternehmen vorteilhaft.

Preis der Zertifikate niedriger ist als die Grenzkosten der Reduzierung der Schadstoffemission um ein Tonne. Bei dieser Versteigerung wird sich ein Preis von p_2 für die Zertifikate einstellen; Kraftwerk 1 wird 30.000, Kraftwerk 2 wird 20.000 und Kraftwerk 3 wird 10.000 Zertifikate erwerben.

Warum sich genau dieser Preis einstellt, läßt sich leicht nachvollziehen, wenn man sich vor Augen hält, wie hoch die Nachfrage nach Zertifikaten wäre, wenn der Preis pro Stück beispielsweise bei p_3 liegen würde. Kraftwerk 1 würde zu diesem Preis 40.000 Zertifikate, Kraftwerk 2 würde rund 33.000 Zertifikate und Kraftwerk 3 würde 20.000 Zertifikate nachfragen. Das ergibt eine Gesamtsumme von rund 93.000, doch soviele Zertifikate bietet der Staat gar nicht an. Die drei Kraftwerke werden sich also bei der Versteigerung solange gegenseitig überbieten, bis ein Preis von p_2 pro Zertifikat erreicht ist.

Die Reduzierung des Schadstoffausstoßes, die Kostenbelastung für die Unternehmen sowie die Einnahmen des Staates sind bei der Pigou-Steuer und bei den Zertifikaten völlig gleich. Die Entscheidung, welches dieser beiden Instrumente in der Umweltpolitik eingesetzt werden sollte, kann deshalb danach ausgerichtet werden, welches von ihnen den geringeren Verwaltungsaufwand erfordert. Zur Eindämmung des Schadstoffausstoßes von Automobilen beispielsweise dürfte eine Pigou-Steuer einfacher zu handhaben sein, da sie als Zuschlag zur ohnehin existierenden Mineralölsteuer erhoben werden könnte.

Zur Begrenzung der SO_2-Emission von Kraftwerken dagegen erscheint auch die Zertifikats-Lösung praktikabel,
da der Staat hier einem leichter überschaubaren Kreis
von Käufern gegenübersteht.

Insgesamt bleibt festzuhalten, daß eine marktwirtschaft-
lich orientierte Umweltpolitik, die mit Steuern und Zertifikaten arbeitet, den gleichen Umwelteffekt wie eine mit
Standards und Verboten arbeitende Politik zu niedrigeren
gesamtwirtschaftlichen Kosten erreichen kann.

2. Externe Erträge: Bildungspolitik

Die Umweltpolitik ist sicherlich der wichtigste Anwen-
dungsbereich der Theorie externer Effekte. In der Realität treten jedoch nicht nur Situationen auf, in denen die
sozialen Kosten höher sind als die privaten, sondern
auch Situationen, in denen die sozialen Erträge die privaten übersteigen. In diesem Fall ist von externen Erträgen die Rede, die gleichsam das Spiegelbild zu den
externen Kosten darstellen.

Zur Erläuterung kann das Beispiel eines Unternehmens
dienen, das Zeit und Geld in die Aus- und Fortbildung
seiner Mitarbeiter investiert. Der Grund dafür ist die
Erwartung, daß die Arbeitsleistung qualifizierter Mitarbeiter höher sein wird als die unqualifizierter. Diese für
die Zukunft erwartete Leistungssteigerung ist der pri-
vatwirtschaftliche Ertrag, den sich das Unternehmen von

Schaubild G/5 - Externe Erträge der Qualifizierung

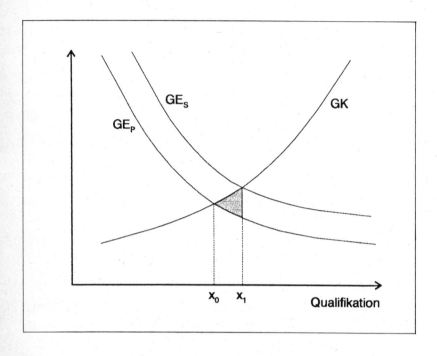

der Investition in die Qualifikation seiner Mitarbeiter
verspricht.

Das Kalkül des Unternehmens bei der Qualifizierung der
Mitarbeiter ist in Schaubild G/5 schematisch dargestellt:
Die Vermittlung zusätzlicher Qualifikationen verursacht
Kosten in Form von Kursgebühren, Arbeitszeitverlusten
durch Freistellungen usw. Die Aufnahmefähigkeit der
Mitarbeiter ist jedoch nicht unbegrenzt hoch, und nicht
alle Mitarbeiter sind gleichermaßen lernfähig. Je mehr
Qualifizierungsmaßnahmen bereits durchgeführt worden
sind, desto mühseliger ist die Vermittlung weiterer Qua-
lifikationen, d.h. die Grenzkosten der Qualifizierung

steigen (GK). Die Möglichkeiten, zusätzliche Qualifikationen der Mitarbeiter im Betrieb gewinnbringend einzusetzen, sind ebenfalls nicht unbegrenzt, so daß der Grenzertrag mit steigendem Qualifikationsniveau geringer wird (GE).

Externe Effekte kommen in unserem Beispiel dadurch ins Spiel, daß für das Unternehmen stets das Risiko besteht, seine Mitarbeiter an andere Unternehmen zu verlieren. Wenn eine Arbeitskraft nach erfolgter Schulung zu einem anderen Unternehmen wechselt, geht für das ausbildende Unternehmen der Ertrag der Schulungsmaßnahme verloren. Dieser Ertrag fällt nun bei dem anderen Unternehmen an, ohne daß jenes Unternehmen die Kosten dafür zu tragen hätte. Gesamtwirtschaftlich ist nichts verloren, denn der Qualifizierungsertrag, der dem einen Unternehmen entgeht, kommt dem anderen zugute. Für das qualifizierende Unternehmen jedoch ist der Ertrag niedriger als für die Wirtschaft insgesamt, d. h. der private Grenzertrag (GE_p) liegt unter dem sozialen (GE_s).

Aus gesamtwirtschaftlicher Sicht wäre es optimal, wenn insgesamt eine Qualifikation in Höhe von x_1 vermittelt würde. Ein gewinnmaximierendes Unternehmen wird aber nur Qualifizierungsmaßnahmen bis zur Höhe von x_o durchführen. Dadurch gehen der Gesamtwirtschaft Netto-Erträge in Höhe des schraffierten Dreiecks verloren (schon wieder ein Harberger-Dreieck!). Wenn das Unternehmen veranlaßt werden soll, Ausbildungsleistungen in gesamtwirtschaftlich optimalem Umfang zu erbringen, muß

ihm eine staatliche Subvention gezahlt werden, mit der
die Differenz zwischen privatem und sozialem Grenzertrag
der Qualifizierung ausgeglichen wird.

Ursache des Marktversagens ist – genau wie im Ein-
gangsbeispiel zur Umweltpolitik – letztlich das Fehlen von
Eigentumsrechten. Das Unternehmen, das in die Ausbildung seiner Mitarbeiter investiert, erwirbt kein Eigentum
an der erhöhten Qualifikation und kann nicht verhindern, daß der Ertrag seiner Investition von anderen Unternehmen geerntet wird. Eigentumsrechte wären nur
durchsetzbar in einem System der Sklaverei, denn eine
verbesserte Ausbildung würde den Marktwert der Sklaven erhöhen. Da sich unsere Gesellschaft jedoch aus gu-
ten Gründen gegen ein solches System entschieden hat, [1]
ist ein gesamtwirtschaftlich optimales Ausbildungsniveau
nur mit Hilfe von Subventionen erreichbar.

Auch hier stellt sich wieder die Frage nach der optimalen
Intensität des Staatseingriffs. Diese Frage kann, da die
genaue Lage der Kurven in Schaubild G/5 nicht zu ermitteln ist, vom Wirtschaftswissenschaftler nicht beantwortet werden. Er kann aber nachweisen, daß ohne
Staatseingriff kein gesamtwirtschaftliches Optimum realisiert werden kann.

---

[1] Selbst aus rein ökonomischer Sicht ist ein System der
Sklaverei nicht effizient, da die Leistungsanreize für
Sklaven geringer sind als für Arbeitskräfte, die sich
dem Wettbewerb auf dem Arbeitsmarkt stellen müssen.
Doch weitaus gewichtiger sind natürlich die ethischen
Einwände gegen die Sklaverei.

Angesichts der Existenz öffentlicher Güter und externer Effekte muß die Bedingung für ein Pareto-Optimum neu formuliert werden: Zum Abschluß des Abschnitts B III. war dargelegt worden, daß ein Pareto-Optimum nur dann erreicht wird, wenn die Grenzkosten und Grenznutzen eines Gutes übereinstimmen. Dieses Ergebnis kann nun insofern präzisiert werden, als es dabei auf die sozialen Grenzkosten und Grenznutzen ankommt, nicht auf die privaten. In der präzisierten Form gilt die Bedingung nicht nur für private Güter mit und ohne externen Effekten, sondern auch für öffentliche Güter; denn bei öffentlichen Gütern sind die Grenzkosten gleich null, und eine pareto-optimale Situation wird nur erreicht, wenn auch der Preis und damit der Grenznutzen gleich null ist.

Insgesamt gesehen liefern die Theorie der öffentlichen Güter und der externen Effekte Begründungen dafür, weshalb der Staat in bestimmten Fällen in Märkte eingreifen muß, damit eine pareto-optimale Situation erreichbar wird. Darüber hinaus ist in den vorangegangenen Kapiteln diskutiert worden, daß der Staat in die Wirtschaft eingreifen kann, um die Einkommensverteilung zu verändern. Jede anders motivierte Art des staatlichen Eingriffs in privatwirtschaftlich organisierte Märkte stiftet aus ökonomischer Sicht mehr Schaden als Nutzen und führt zu gesamtwirtschaftlichen Wohlfahrtsverlusten. Dieses zentrale Ergebnis der mikroökonomischen Theorie ist der Grund dafür, weshalb Ökonomen staatlichen Marktinterventionen zunächst einmal skeptisch gegenüberstehen und sie erst dann akzeptieren, wenn sichergestellt ist, daß dadurch die Bedingungen für ein Pareto-Optimum nicht verletzt werden.

Kapitel H
Soziale Planung oder Wettbewerb?

I. Die Kontroverse um den Konkurrenz-Sozialismus

Das Generalthema der vorangegangenen Kapitel lautete, daß eine marktwirtschaftliche Steuerung der Wirtschaft in der Regel gesamtwirtschaftlich optimale Ergebnisse bringt. Nur in den wohldefinierten Ausnahmefällen von Marktversagen (öffentliche Güter, externe Effekte) sind staatliche Markteingriffe sinnvoll; in allen anderen Fällen führt das Streben nach individueller Nutzenmaximierung zu Ergebnissen, die nicht nur für das Individuum, sondern auch für die Gemeinschaft zur besten aller möglichen Welten führt. Diese Erkenntnis wurde erstmals in aller Deutlichkeit von Adam Smith (1723-1790) formuliert, der mit seinem 1776 erschienenen Werk "Inquiry into the Nature and Causes of the Wealth of Nations" die Grundlagen der Wirtschaftswissenschaften gelegt hat.

Adam Smith gebraucht in diesem Zusammenhang die Formulierung von der *unsichtbaren Hand* des Wettbewerbs, die den Eigennutz der Menschen so lenkt, daß er dem Gemeinwohl dient. Der wirtschaftlich handelnde Mensch wird nach seinen Worten "von einer unsichtbaren Hand geleitet, um einen Zweck zu fördern, den zu erfüllen er in keiner Weise beabsichtigt hat. Auch für das Land selbst ist es keineswegs immer das schlechteste, daß der einzelne ein solches Ziel nicht bewußt anstrebt, ja, gerade dadurch, daß er das eigene Interesse verfolgt, fördert er häufig das der Gesellschaft nachhaltiger, als wenn er wirklich beabsichtigt, es zu tun. Alle, die jemals vorgaben, ihre Geschäfte dienten dem Wohl der Allgemeinheit, haben meines Wissen niemals etwas gutes getan. "[1]

Dennoch ist im Laufe der Jahrhunderte immer wieder die Frage aufgekommen, ob eine staatlich geplante Wirtschaft nicht zu vergleichbaren Ergebnissen führen könnte. Dem Weltbild der Ökonomen, die in der liberalen Tradition von Adam Smith stehen, steht das Weltbild des Sozialismus gegenüber, in dem es Aufgabe des Staates ist, den Einsatz von Produktionsfaktoren und die Verteilung der produzierten Güter festzulegen. Die Kritik an der Marktwirtschaft entzündet sich vor allem an der Einkommens- und Vermögensverteilung in kapitalistischen Gesellschaften, die oftmals als ungerecht empfunden wird.

In der ökonomischen Theorie erreichte diese Diskussion ihren Höhepunkt in den dreißiger Jahren dieses Jahrhunderts mit der Kontroverse um den *Konkurrenz-Sozialismus*. Aufbauend auf den Modellen von Enrico Barone und Vilfredo Pareto (der Ihnen bereits in Kapitel B begegnet ist) vertrat insbesondere Oskar Lange (1938) die These, daß ein wohlmeinender und allwissender Diktator in der Lage sei, ein gesamtwirtschaftliches Optimum auch ohne ein marktwirtschaftliches System zu erreichen. Nach seiner Vorstellung soll der Wettbewerb unter den Produzenten ersetzt werden durch eine staatliche Planung, wo-

---

[1] Zitiert nach Smith (1978, S. 371).

bei der Staat selbst zum Eigentümer aller Produktionsmittel wird. Die wirtschaftlichen Erträge dieser Produktionsmittel fließen dann nicht mehr den privaten Kapitaleignern zu, sondern können als "soziale Dividende" vom Staat an die Bevölkerung verteilt werden. Wenn es der staatlichen Wirtschaftsplanung gelingt, die Produktionsmittel auf die gleiche Weise einzusetzen, wie es private Unternehmer getan hätten, kann die Kapitalisten-Klasse abgeschafft werden, ohne die Effizienz der Wirtschaft zu beeinträchtigen.

Die Begründung dafür, weshalb Oskar Lange den Ersatz des Wettbewerbs durch staatliche Planung für möglich hielt, läßt sich anhand der in den vorangegangenen Kapiteln dargestellten Analysen leicht nachvollziehen: In all den oben diskutierten Fällen wurden pareto-optimale Marktergebnisse dadurch erreicht, daß die sozialen Grenznutzen und Grenzkosten durch den Marktmechanismus der relativen Preise in Übereinstimmung gebracht wurden. Ein zentraler Wirtschaftsplaner, der den genauen Verlauf aller Kurven aus unseren Schaubildern exakt bestimmen kann, wäre in der Lage, diese Gleichgewichtspreise administrativ festzusetzen. Außerdem könnte den Staatsbetrieben vorgeschrieben werden, genau die gesamtwirtschaftlich optimalen Mengen zu produzieren. Dann würden sich auch ohne Wettbewerb die gleichen Lösungen wie in einer Marktwirtschaft ergeben, und ein Pareto-Optimum wäre erreicht. Das ist die zentrale Idee des Konkurrenz-Sozialismus, in dem die marktwirtschaftliche Steuerung der Wirtschaft ersetzt werden soll durch eine perfekte staatliche Planung.

Eine offene Frage ist natürlich, ob es jemals Diktatoren geben wird, die wohlmeinend sind, die also nicht ihren persönlichen Vorteil, sondern den gesamtwirtschaftlichen Vorteil zur Maxime ihres Handelns erheben. Die Hoffnung, die Diktatur des Proletariats könnte eine in diesem Sinne wohlmeinende Regierungsform sein, ist angesichts der praktischen Erfahrungen in Mittel- und Osteuropa eher gesunken. Doch dies ist nicht der zentrale Kritikpunkt am Modell des Konkurrenz-Sozialismus. Die Kritik richtet sich vielmehr gegen das zweite Adjektiv, mit dem der Diktator versehen werden muß, und zwar das Adjektiv "allwissend".

Die Gegenposition zum Konkurrenz-Sozialismus wurde zunächst von Ludwig von Mises und dann vor allem von Friedrich A. von Hayek vertreten. Hayek (1935) wies darauf hin, daß ein staatlicher Wirtschaftsplaner niemals in der Lage sein könne, alle nötigen Informationen zur Bestimmung einer optimalen Wirtschaftsstruktur auch tatsächlich zu beschaffen und zu verarbeiten. Um die immense Komplexität des *Informationsproblems* zu erfassen, muß man sich einmal vor Augen halten, wieviele verschiedene Güter und Produktionsfaktoren es gibt und wie vielfältig die Wechselbeziehungen zwischen ihnen sind. Hinzu kommt, daß Wirtschaftsstrukturen keine statischen Gebilde sind, sondern sich infolge veränderter Technologien, veränderter internationaler Wirtschaftsbeziehungen oder veränderter Verhaltensweisen der Menschen in einem ständigen Wandel befinden.

In einer Marktwirtschaft wird das Informationsproblem dadurch gelöst, daß das bei den einzelnen Marktteilnehmern vorhandene Wissen dezentral genutzt wird. Wer das für ihn relevante Wissen besser als sein Konkurrent zu nutzen versteht, wird sich im Wettbewerb durchsetzen, so daß in den relativen Preisen einer Marktwirtschaft letztlich das gesamte verfügbare Wissen einer Gesellschaft zum Ausdruck kommt. Dabei ist es nicht erforderlich, daß Einzelpersonen den Überblick über das Ganze haben. Der einzelne Produzent beispielsweise muß nicht wissen, wofür der Käufer das betreffende Gut eigentlich braucht. Es reicht aus, den am Markt erzielbaren Verkaufspreis zu kennen, um in einem Vergleich mit den Produktionskosten zu ermitteln, ob die Produktion des Gutes einen Gewinn verspricht oder nicht.

Das System der relativen Preise einer Marktwirtschaft ist aus einem weiteren Grunde bei der Lösung des Informationsproblems überlegen: Anhand des Leuchtturm-Beispiels (Kapitel G) war gezeigt worden, daß Konsumenten, die nicht zur Bezahlung des konsumierten Gutes gezwungen werden, ein Interesse daran haben, ihre tatsächlichen Präferenzen zu verschleiern und sich als Trittbrettfahrer zu verhalten. In einer Marktwirtschaft ist dies zumindest im Bereich der privaten Güter nicht möglich, denn wer keine Bereitschaft zur Zahlung des Kaufpreises signalisiert, wird nicht beliefert. Ein zentraler Wirtschaftsplaner dagegen müßte stets damit rechnen, auch im Bereich der privaten Güter von den Produzenten über die tatsächlichen Produktionskosten und von den Konsumenten über die tatsächlichen Präferenzen getäuscht zu werden, da sich die einzelnen von diesen Täuschungen persönliche Vorteile versprechen können.

In seinem Vortrag anläßlich der Verleihung des Nobelpreises hat Hayek die staatliche Wirtschaftslenkung als "Anmaßung von Wissen" bezeichnet (Hayek, 1975). Ihr stellt er das Bild vom "Wettbewerb als Entdeckungsverfahren" gegenüber (Hayek, 1968), in dem zum Ausdruck kommt, daß nur der Wettbewerb in der Lage ist, das in einer Gesellschaft verfügbare Wissen aufzudecken, die Bildung neuen Wissens zu stimulieren und das Wissen optimal zur Steigerung der gesamtwirtschaftlichen Wohlfahrt zu nutzen.

Die Ideen des Konkurrenz-Sozialismus wurden wieder aufgegriffen bei den Diskussionen um die deutsche Vereinigung und die Wirtschaftsreformen in Mittel- und Osteuropa. Der unaufhaltsame Zusammenbruch des real existierenden sozialistischen Wirtschaftssystems war im Laufe der achtziger Jahre unübersehbar geworden, doch als Ersatz wurde von vielen nach einem "dritten Weg" gesucht, der eine Alternative zur Übernahme des westlichen Wirtschaftssystems bieten könnte. Die Debatte um den Konkurrenz-Sozialismus hat jedoch gezeigt, daß es einen solchen dritten Weg nicht geben kann. Auch im Rahmen einer Marktwirtschaft ist es zwar möglich und sinnvoll, Fälle von Marktversagen durch Staatseingriffe auszugleichen und eine sozialpolitisch motivierte Umver-

teilung vorzunehmen, aber eine Übernahme der Steue-
rungsfunktionen des Wettbewerbs durch staatlich Planung
muß zwangsläufig scheitern.

Eine der wichtigsten Lehren aus den Transformationspro-
zessen in Mittel- und Osteuropa lautet jedoch, daß auch
eine Marktwirtschaft des staatlichen Ordungsrahmens bedarf, um sich entfalten zu können. Wenn dagegen - wie
in weiten Teilen der ehemaligen Sowjetunion - statt
rechtsstaatlicher Prinzipien das Faustrecht herrscht,
kommen zahlreiche mögliche marktwirtschaftliche Transak-
tionen gar nicht erst zustande; und die Vorteile der Ar-
beitsteilung bleiben ungenutzt. Grundlage der Marktwirtschaft ist der freiwillige Tausch. Um diese Freiwilligkeit
vor der Bedrohung durch private Machtpositionen zu
schützen, muß der Staat Verhaltensregeln durchsetzen,
die das Funktionieren einer marktwirtschaftlichen Ordnung gewährleisten. Welche Konsequenzen sich daraus
für den Bereich der Wettbewerbspolitik ergeben, ist
Thema des folgenden Abschnitts.

II. Aufgaben der Wettbewerbspolitik

Wer vor die Aufgabe gestellt wird, ein optimales Fußball-
spiel zu organisieren, hat grundsätzlich zwei Möglichkeiten, sie zu lösen:

- Er kann anhand von Video-Aufzeichnungen oder ähnli-
chem viele gute Fußballspiele der Vergangenheit analysieren und sich aus den jeweils besten Szenen ein neues Spiel zusammensetzen. Bei diesem synthetischen
Spiel muß den einzelnen Spielern genau vorgeschrieben
werden, wer den Ball wann und wohin zu spielen hat,
damit ein optimaler Spielablauf realisiert wird. Dies ist
die planwirtschaftliche Methode.

- Die andere Möglichkeit besteht darin, zwei möglichst
gute Mannschaften zu engagieren, klare Spielregeln
vorzugeben, die Einhaltung der Spielregeln zu überwachen und im übrigen auf die Eigeninitiative der Spieler
zu vertrauen. Dies ist die marktwirtschaftliche Methode.

Im Rahmen einer Marktwirtschaft kommt dem Staat also
die Rolle der FIFA (die die Spielregeln festlegt) und des
Schiedsrichters (der die Spielregeln überwacht) zu. Bei
der marktwirtschaftlichen Methode kann nicht vorab fest-
gelegt werden, welcher Spieler zu den Gewinnern oder
Verlierern zählen wird. Aber es kann damit gerechnet
werden, daß jeder einzelne Spieler mehr leisten wird und
daß damit auch das Gesamtergebnis besser sein wird als
bei der planwirtschaftlichen Methode.

Die marktwirtschaftliche Methode ist keineswegs gleichzusetzen mit einer Laissez-faire-Politik. Das Durchsetzen marktwirtschaftlicher Spielregeln erfordert durchaus ordnende Eingriffe des Staates. Dies gilt insbesondere dann, wenn in den einzelnen Märkten nicht genügend Wettbewerb herrscht, um gesamtwirtschaftlich optimale Ergebnisse herbeizuführen. In der Bundesrepublik ist es vor allem das *Gesetz gegen Wettbewerbsbeschränkungen* (GWB), mit dem die Funktionsfähigkeit des Wettbewerbs gesichert werden soll.

Die wichtigsten Instrumente des GWB sind das Kartellverbot, die Fusionskontrolle und die Mißbrauchsaufsicht über marktbeherrschende Unternehmen. Sowohl das Verbot von Absprachen zwischen Unternehmen zur Behinderung des Wettbewerbs *(Kartellverbot)* als auch das Verbot von Zusammenschlüssen marktbeherrschender Unternehmen *(Fusionskontrolle)* dienen der Sicherung einer genügend hohen Zahl voneinander unabhängiger Konkurrenten, die zum Erreichen eines Wettbewerbsgleichgewichts unerläßlich ist. Fraglich mag hier sein, ob der Staat überhaupt in der Lage ist, Kartelle und Konzentrationsprozesse wirksam zu kontrollieren, doch das Ziel selbst, das der Staat dabei verfolgt, steht durchaus in Einklang mit den Grundprinzipien einer Marktwirtschaft.

Ein Fremdkörper in der marktwirtschaftlichen Ordnung ist dagegen die *Mißbrauchsaufsicht*. Hier geht es vor allem darum, die Preisgestaltung derjenigen Unternehmen zu überwachen, die trotz Kartellverbot und Fusionskontrolle eine marktbeherrschende Stellung erlangen konnten. Sie sollen daran gehindert werden, monopolistisch überhöhte Preise zu verlangen. Dafür müssen die Preise dieser Unternehmen verglichen werden mit den Preisen, die sich unter Wettbewerbsbedingungen ergeben hätten. Wenn Hayek Recht hat, ist der Staat aber gar nicht in der Lage, eine solche Bewertung vorzunehmen, da das Entdeckungsverfahren des Wettbewerbs nicht simuliert werden kann. Wie hoch die Wettbewerbspreise sind, läßt sich nur durch Wettbewerb herausfinden.

Ein weiterer Fremdkörper ist die sogenannte *Ministerer-laubnis*: Nach den Vorschriften des GWB hat sich das Bundeskartellamt bei der Beurteilung von Kartellen und Fusionen einzig und allein an ihren Auswirkungen auf den Wettbewerb zu orientieren. Unternehmen, die von einem Verbot des Kartellamts betroffen sind, können aber beim Bundesminister für Wirtschaft eine Sondererlaubnis für Kartelle oder Fusionen beantragen, die dann erteilt werden kann, wenn die Beschränkung des Wettbewerbs "aus überwiegenden Gründen der Gesamtwirtschaft und des Gemeinwohls" (§ 8 Abs. 1 GWB) oder "durch ein überragendes Interesse der Allgemeinheit" (§ 24 Abs. 3 GWB) gerechtfertigt ist. Nach der ökonomischen Theorie kann es einen Konflikt zwischen diesen beiden Zielen aber gar nicht geben, denn es ist doch gerade der Wettbewerb, der die Förderung des Gemeinwohls sichert. Aus ökonomischer Sicht muß also dafür plädiert werden, die Ministererlaubnis ersatzlos aus dem Wettbewerbsrecht zu streichen.

Die größten Widersprüche zu den Prinzipien einer Marktwirtschaft treten jedoch bei den sogenannten *Ausnahme-
bereichen* des GWB auf. Nach § 99-103 GWB sind die
Bundespost und die Verkehrswirtschaft, die Landwirtschaft, die Kohle- und Stahlwirtschaft, die Kredit- und
Versicherungswirtschaft sowie die Elektrizitäts-, Gas-
und Wasserwirtschaft von der uneingeschränkten Anwendung des Wettbewerbsrechts freigestellt. Diese Freistel-
lung hat vielfältige Gründe, die überwiegend historisch
bedingt sind und heute kaum noch dem Gemeinwohl, sondern überwiegend den Produzenteninteressen dieser Wirt-
schaftbereiche dienen. Statt auf Wettbewerb wird hier
auf staatliche Überwachung gesetzt - mit all ihren Problemen, wie sie oben am Beispiel der Mißbrauchsaufsicht
über marktbeherrschende Unternehmen angedeutet wurden.

Die Wirtschaftsordnung der Bundesrepublik ist also keineswegs eine reine Marktwirtschaft, bei der die Eingriffe
des Staates auf sozialpolitische Maßnahmen sowie auf die
Kompensation des Marktversagens bei öffentlichen Gütern
und externen Effekten beschränkt wären. Statt dessen
greift der Schiedsrichter vielfach auch dort ins Spielge-
schehen ein, wo es aus ökonomischer Sicht nicht gerechtfertigt ist. Dies mag zwar einzelnen Spielern nützen, doch die Effizienz des gesamten Spielverlaufs wird
beeinträchtigt.

Literatur

Die nachstehend aufgeführte Literatur stellt eine Auswahl dar, die es dem Leser ermöglichen soll, einen selbständigen Zugang zu den Themen der verschiedenen Kapitel zu finden. Da die in den Kapiteln B und C angesprochenen Fragen in nahezu allen unten angegebenen Einführungswerken behandelt werden, erscheint es nicht sinnvoll, zwischen der Literatur zu diesen beiden Kapiteln und allgemeinen Einführungswerken zu unterscheiden.

Im Text ist auf Literaturhinweise weitgehend verzichtet worden. Nur dort, wo sich einzelne Argumentationen oder Hypothesen direkt bestimmten Autoren zuordnen lassen, werden die entsprechenden Quellen in Kurzform zitiert. Die ausführlichen Quellenangaben dazu finden sich in den Literaturhinweisen zu den einzelnen Kapiteln.

1. Nachschlagewerke

ALBERS, Willi (Hrsg.), Handwörterbuch der Wirtschaftswissenschaft. Band 1-9, Stuttgart 1988.

DICHTL, Erwin (Hrsg.), Vahlens großes Wirtschaftslexikon. München 1987.

GABLER Volkswirtschafts-Lexikon. 3. Aufl., Wiesbaden 1990.

GABLER Wirtschafts-Lexikon. Band 1-2, 12. Aufl., Wiesbaden 1988.

WOLL, Artur (Hrsg.), Wirtschaftslexikon. 4. Aufl., München 1990.

2. Allgemeine Einführungswerke und Literatur zu Kapitel B und C

BENDER, Dieter et al. (Hrsg.), Vahlens Kompendium der Wirtschaftstheorie und Wirtschaftspolitik. Band 1 und 2, 4. Aufl., München 1990.

BÖVENTER, Erich von, Einführung in die Mikroökonomie. 4. Aufl., München 1986.

FREY, Bruno S., Ökonomie ist Sozialwissenschaft. München 1990.

FRITSCHE, Bernd et al., Subventionen. Probleme der Abgrenzung und Erfassung. Ifo-Studien zur Strukturforschung, Nr. 11, München 1988.

GIERSCH, Herbert, Allgemeine Wirtschaftspolitik, Band 1: Grundlagen. Wiesbaden 1961.

HENDERSON, James M., Richard E. QUANDT, Mikroökonomische Theorie. Eine mathematische Darstellung. 5. Aufl., München 1983.

HERBERG, Horst, Preistheorie: Eine Einführung. 2. Aufl., Stuttgart 1989.

HERDZINA, Klaus, Einführung in die Mikroökonomik. München 1989.

HESSE, Helmut (Hrsg.), Arbeitsbuch angewandte Mikroökonomik. Tübingen 1980.

ISSING, Otmar (Hrsg.), Allgemeine Wirtschaftspolitik. München 1982.

-- (Hrsg.), Spezielle Wirtschaftspolitik. München 1982.

MOLITOR, Bruno, Wirtschaftspolitik. 2. Aufl., München 1990.

NEUMANN, Manfred, Theoretische Volkswirtschaftslehre. Band 1 und 2, München 1982.

PENNANT-REA, Rupert, Clive CROOK, The Economist Volkswirtschaftslehre. Bestandsaufnahme. Regensburg 1987.

SAMUELSON, Paul A. , William D. NORDHAUS, Volkswirtschaftslehre. Grundlagen der Makroökonomie und Mikroökonomie. Band 1 und 2, 8. Aufl. , Köln 1987.

SCHUMANN, Jochen, Grundzüge der mikroökonomischen Theorie. 5. Aufl. , Berlin 1987.

SEEGER-LUCKENBACH, Helga, Theoretische Grundlagen der Wirtschaftspolitik. München 1986.

SIEBERT, Horst, Einführung in die Volkswirtschaftslehre. 10. Aufl. , Stuttgart 1991.

SOHMEN, Egon, Allokationstheorie und Wirtschaftspolitik. Tübingen 1976.

STOBBE, Alfred, Volkswirtschaftslehre II: Mikroökonomik. 2. Aufl. , München 1990.

STREIT, Manfred E. , Theorie der Wirtschaftspolitik. 4. Aufl. , Düsseldorf 1991.

VARIAN, Hal R. , Grundzüge der Mikroökonomik. 2. Aufl. , München 1991.

VAUBEL, Roland, Hans D. BARBIER (Hrsg.), Handbuch Marktwirtschaft. Pfullingen 1986.

WOLL, Artur, Allgemeine Volkswirtschaftslehre. 10. Aufl. , München 1990.

3. Literatur zu Kapitel D

BHAGWATI, Jagdish, Geschützte Märkte: Protektionismus und Weltwirtschaft. Frankfurt 1990.

BORCHERT, Manfred, Außenwirtschaftslehre. Theorie und Politik. 3. Aufl. , München 1987.

DIXIT, Avinash K., Victor D. NORMAN, Außenhandels-theorie. München 1982.

ETHIER, Wilfred J., Moderne Außenwirtschaftstheorie. 2. Aufl., München 1991.

GLISMANN, Hans H., Ernst-Jürgen HORN, Sighard NEHRIG, Roland VAUBEL, Weltwirtschaftslehre. Eine problemorientierte Einführung. 3. Aufl., Göttingen 1987.

JARCHOW, Hans-Joachim, Peter RÜHMANN, Monetäre Außenwirtschaftstheorie. 3. Aufl., Band 1 und 2, Göttingen 1991.

RICARDO, David, Grundsätze der politischen Ökonomie und der Besteuerung. Herausgegeben von Fritz NEUMARK. Frankfurt 1972.

ROSE, Klaus, Theorie der Außenwirtschaft. 10. Aufl., München 1989.

SIEBERT, Horst, Außenwirtschaft. 5. Aufl., Stuttgart 1991.

4. Literatur zu Kapitel E

BOMBACH, Gottfried, Bernhard GAHLEN, Alfred E. OTT (Hrsg.), Probleme des Strukturwandels und der Strukturpolitik. Schriftenreihe des Wirtschaftswissenschaftlichen Seminars Ottobeuren, Band 6, Tübingen 1977.

ENGEL, Ernst, Die Productions- und Consumtionsverhältnisse des Königreichs Sachsen. Dresden 1857.

HÄRTEL, Hans-Hagen et al., Entwicklungslinien im internationalen Strukturwandel. Hamburg 1989.

HÜBL, Lothar, Walter SCHEPERS, Strukturwandel und Strukturpolitik. Darmstadt 1983.

KLODT, Henning, "De-Industrialization in West Germany". Jahrbücher für Nationalökonomie und Statistik, Band 204, 1988, S. 531-540.

KLODT, Henning, Klaus-Dieter SCHMIDT et al., Weltwirtschaftlicher Strukturwandel und Standortwettbewerb. Kieler Studien 228, Tübingen 1989.

KÜLP, Bernhard et al., Sektorale Wirtschaftspolitik. Berlin 1984.

KUZNETS, Simon, Economic Growth of Nations. Total Output and Production Structure. Cambridge 1971.

MEIßNER, Werner, Werner FASSING, Wirtschaftsstruktur und Strukturpolitik. München 1989.

MÜLLER, Jürgen, Sektorale Struktur und Entwicklung der industriellen Beschäftigung in der Bundesrepublik Deutschland. Berlin 1983.

NIEHANS, Jürg, "Strukturwandlungen als Wachstumsprobleme". In: Fritz NEUMARK (Hrsg.), Strukturwandlungen einer wachsenden Wirtschaft. Schriften des Vereins für Socialpolitik, N.F. 30, Berlin 1964.

SCHWABE, Hermann, "Das Verhältniß von Miethe und Einkommen in Berlin". In: Berlin und seine Entwicklung, Gemeindekalender und städtisches Jahrbuch für 1868. Berlin 1868.

WILLMS, Manfred, "Strukturpolitik". In: Dieter BENDER et al. (Hrsg.), Vahlens Kompendium der Wirtschaftstheorie und Wirtschaftspolitik. Band 2, 4. Aufl., München 1990.

5. Literatur zu Kapitel F

BERNHOLZ, Peter, Grundlagen der politischen Ökonomie. Band 1-3, 2. Aufl., Tübingen 1984.

BUCHANAN, James M., Robert D. TOLLISON (Eds.), The Theory of Public Choice. Band 1 und 2, Ann Arbor 1984.

FREY, Bruno S., Moderne politische Ökonomie. München 1978.

HOLLER, Manfred J., Einführung in die Spieltheorie. Berlin 1990.

KRUEGER, Anne O., "The Political Economy of the Rent-Seeking Society". The American Economic Review, Vol. 64, 1974, S. 291-303.

KRUGMAN, Paul R., "Is Free Trade Passée?" Journal of Economic Perspectives, Vol. 1, 1987, S. 131-144.

KYDLAND, Finn, Edward PRESCOTT, "Rules Rather than Discretion: The Inconsistency of Optimal Plans". Journal of Political Economy, Vol. 85, 1977, Nr. 3.

MUELLER, Dennis C., Public Choice. Cambridge 1979.

NEUMANN, Johann von, Oskar MORGENSTERN, Theorie der Spiele und wirtschaftliches Verhalten. 3. Aufl., Würzburg 1973.

NISKANEN, William, Bureaucracy and Representative Government. Chicago 1971.

POSNER, Richard, "Theories of Economic Regulation". The Bell Journal of Economics and Management Science, Vol. 5, 1974, S. 335-358.

RASMUSEN, Eric, Games and Information: An Introduction to Game Theory. Oxford 1989.

6. Literatur zu Kapitel G

BÖDECKER, Wilhelm, Allokations- und Distributionsprobleme bei Kollektivgütern. Meisenheim/Glass 1972.

ENDRES, Alfred, Umwelt- und Ressourcenökonomik. Darmstadt 1985.

HANUSCH, Horst, Theorie des öffentlichen Gutes. Allokative und distributive Aspekte. Göttingen 1972.

MUSGRAVE, Richard A., Peggy B. MUSGRAVE, Lore KULLMER, Die öffentlichen Finanzen in Theorie und Praxis. Band 1-3, 5. Aufl., Tübingen 1990.

PIGOU, Arthur Cecil, The Economics of Welfare. London 1920.

SAMUELSON, Paul A., "The Pure Theory of Public Expenditure." The Review of Economics and Statistics, Vol. 36, 1954, S. 387-389.

--, "Diagrammatic Exposition of a Theory of Public Expenditure." The Review of Economics and Statistics, Vol. 37, 1955, S. 350-356.

SIEBERT, Horst, Ökonomische Theorie der Umwelt. Tübingen 1978.

WEIMANN, J., Umweltökonomik, Eine theorieorientierte Einführung. Berlin 1990.

WICKE, Lutz, Umweltökonomie: Eine praxisorientierte Einführung. 3. Aufl., München 1991.

WINDISCH, Rupert (Hrsg.), Privatisierung natürlicher Monopole im Bereich von Bahn, Post und Telekommunikation. Tübingen 1987.

7. Literatur zu Kapitel H

COX, Helmut, Uwe JENS, Kurt MARKERT, Handbuch des Wettbewerbs. Wettbewerbstheorie, Wettbewerbspolitik, Wettbewerbsrecht. München 1981.

EMMERICH, Volker, Kartellrecht. Mit einer Einführung in das Recht des unlauteren Wettbewerbs. 3. Aufl. der Schrift "Wettbewerbsrecht". München 1979.

HAYEK, Friedrich A. von (Ed.), Collectivist Economic Planning. London 1935.

--, Der Wettbewerb als Entdeckungsverfahren. Institut für Weltwirtschaft, Kieler Vorträge, N.F. 56, Kiel 1968.

--, Die Verfassung der Freiheit. Tübingen 1971.

--, "The Pretence of Knowledge". The Swedish Journal of Economics, Vol. 77, 1975, S. 433-442.

HOPPMANN, Erich, Fusionskontrolle. Tübingen 1972.

KAUFER, Erich, Industrieökonomik. Eine Einführung in die Wettbewerbstheorie. München 1980.

LANGE, Oskar, "On the Economic Theory of Socialism". Review of Economic Studies, Vol. 4, 1936/37.

PEACOCK, Alan, "The Limitations of Public Goods Theory: the Lighthouse Revisited". In: Alan PEACOCK, The Economic Analysis of Government, and Related Themes. New York 1979, S. 127-136.

SCHILLER, Karl, Sozialismus und Wettbewerb. Veröffentlichung der Akademie für Gemeinwirtschaft, Hamburg 1955.

SMITH, Adam, Der Wohlstand der Nationen. Eine Untersuchung seiner Natur und seiner Ursachen. Aus dem Englischen übertragen und mit einer umfassenden Würdigung des Gesamtwerks herausgegeben von Horst Claus RECKTENWALD, München 1978.

Stichworte

A. Stobbe

Volkswirtschaftliches Rechnungswesen

7., rev. Aufl. 1989. XV, 409 S. 27 Abb.
(Heidelberger Taschenbücher, Bd. 14)
Brosch. DM 34,– ISBN 3-540-51151-2

Aus den Besprechungen: „Der Versuch, den Leser vom einfachsten wirtschaftlichen Grundbegriff aus über die einzel- und gesamtwirtschaftliche Vermögensrechnung (und) die makroökonomischen Probleme des Geldwesens zur Kreislaufanalyse und zur eigentlichen volkswirtschaftlichen Gesamtrechnung bis zu den verwickelten Zahlungsbilanzfragen zu führen, ist ausgezeichnet gelungen. Zum begrifflichen Verständnis der großen wirtschaftspolitischen Zeitfragen gibt es jedenfalls kaum einen besseren Helfer."

Der Volkswirt

A. Stobbe

Mikroökonomik

2., rev. Aufl.
1991. XV, 598 S.
100 Abb. 12 Tab.
(Springer-Lehrbuch)
Brosch. DM 39,80
ISBN 3-540-54136-5

Dieses Buch bietet nach einer Einführung in die Methodik der Wirtschaftswissenschaften in drei Kapiteln die Grundzüge der Theorie des privaten Haushaltes, des Produktionsunternehmens und des Marktes. Das vierte und das fünfte Kapitel enthalten weiterführende Überlegungen über Grenzen und Mängel des marktwirtschaftlichen Systems sowie staatlicher Eingriffe auf einzelwirtschaftlicher Ebene. Der Text knüpft an Alltagserfahrungen an, erläutert Fachausdrücke und Modelle verbal, graphisch und algebraisch und verweist häufig auf Beispiele aus der Praxis des Wirtschaftslebens.

Einleitung, ausführliche und kurz kommentierte Literaturangaben zu jedem Kapitel sowie viele graphisch herausgesetzte Systematisierungen, Definitionen, Hypothesen und Lehrsätze dienen zur leichteren Bearbeitung des Lehrbuches für den Leser.

U. Westphal

Makroökonomik

Theorie, Empirie und Politikanalyse

1988. XIV, 530 S. 129 Abb. 50 Tab.
Brosch. DM 69,– ISBN 3-540-18837-1

In diesem Lehrbuch wird eine Makro-Theorie entwickelt, die an der Empirie und den wirtschaftspolitischen Problemen der Bundesrepublik Deutschland orientiert ist. Entsprechend dem „state of the art" integriert diese Theorie Nachfrage- und Angebotsseite; sie umfaßt verschiedene Ungleichgewichtsregime, die Preis-Lohn-Dynamik, Stock-flow-Zusammenhänge, Prozesse der Erwartungsbildung sowie eine konsistente portfoliotheoretische Modellierung des finanziellen Sektors offener Volkswirtschaften.

A. Stobbe

Volkswirtschaftslehre III

Makroökonomik

2., völlig überarb. Aufl. 1987. XIV, 394 S.
(Heidelberger Taschenbücher, Bd. 158)
Brosch. DM 34,80 ISBN 3-540-18172-5

Dieses Lehrbuch der Makroökonomik, eine vollständig revidierte und in weiten Teilen neu geschriebene Fassung der „Gesamtwirtschaftlichen Theorie" von 1975, wendet sich an Studienanfänger und mittlere Semester der Wirtschafts- und Sozialwissenschaften.

Springer-Verlag
Berlin
Heidelberg
New York
London
Paris
Tokyo
Hong Kong
Barcelona
Budapest

Preisänderungen vorbehalten